Knaur.

Die Autorin:

Susanne Walsleben arbeitet seit fast 20 Jahren für diverse Frauenzeitschriften in verschiedenen Positionen (Redakteurin, Ressortleiterin, Chefredakteurin, freie Autorin). Außerdem hat sie bereits mehrere Bücher zu den Themen Psychologie und Partnerschaft veröffentlicht.

Susanne Walsleben

Der gebrauchte Prinz

Vom Umgang mit einem Traummann aus zweiter Hand

Knaur Taschenbuch Verlag

Der Abdruck auf S. 222 aus Frederick S. Perls: Gestalttherapie in Aktion, aus dem Amerik. von Josef Wimmer, © 1969 Real People Press, Klett-Cotta, Stuttgart 1986, 9. Aufl. 2002, erfolgt mit freundlicher Genehmigung des Klett-Cotta-Verlags.

Originalausgabe Oktober 2007

Umschlaggestaltung: ZERO Werbeagentur, München
Umschlagabbildung: Christin Ogger
Satz: Ventura Publisher im Verlag
Druck und Bindung: Clausen & Bosse, Leck
Printed in Germany
ISBN 978-3-426-77957-6

2 4 5 3 1

Inhalt

Vorwort

Warum ein Buch über gebrauchte Prinzen? Und: Sind Secondhand-Männer wirklich so interessant? Kurze Antwort: Sie sind es. Aber sie sind auch kompliziert; Secondhand-Männer stecken voller Probleme, sie fühlen sich verlassen, ungerecht behandelt, und sie reagieren mit vielerlei Beschwerden. Eine Studie der Universität Bremen über geschiedene Männer entlarvt das Bild des glücklich Getrennten, der seine neugewonnene Freiheit mit der wesentlich jüngeren Geliebten genießt, und verweist es in das Reich der Phantasie und Wunschträume. Es mag diese Männer geben, doch die Wirklichkeit sieht anders aus. Nach den Untersuchungen des Instituts für Geschlechter- und Generationenforschung der Uni Bremen leiden 76 Prozent aller Männer nach der Scheidung unter gesundheitlichen Problemen.

Und ein Großteil geschiedener Väter steckt sogar in einer existenziellen Lebenskrise. Anders als ihre Exfrauen können sie sich nicht auf den Rückhalt der Familie stützen, da sie häufig zwar für die Kinder zahlen, nicht aber am Sorgerecht beteiligt sind oder – in schlimmen Fällen – noch nicht einmal regelmäßigen Umgang mit ihren Kindern haben. Sie empfinden sich als Zahlväter, ihr Selbstwertgefühl und Selbstbewusstsein ist erschüttert. Diese negativen Gefühle kommen umso stärker zum Tragen, wenn die Scheidung von den Frauen eingereicht wurde. Und wenn die Väter dann noch gänzlich den Kontakt zu ihren Kindern verlieren, steigt die Anfälligkeit für Krankheiten und psychosomatische Beschwerden.

Amerikanische Wissenschaftler haben herausgefunden, dass viele geschiedene Männer mit ihrem Leben als Single nicht besonders gut zurechtkommen und sich die Phase nach der Scheidung deutlich einfacher vorgestellt hatten. Eigentlich kein Wunder, dass die meisten nach einem neuen Partner suchen und ein zweites Mal heiraten wollen.

Doch auf dem Jahrmarkt der Eitelkeiten stellen geschiedene Männer oft fest, dass ein Flirt oder auch eine Affäre kein Problem darstellen, eine feste Bindung dagegen schon. Die Gründe dafür sind vielschichtig, und ein gebrauchter Prinz hat nun mal andere Ecken und Kanten als einer, der seine Freiheit bislang nicht aufgegeben hat.

Ich habe mit vielen Frauen gesprochen, die mit einem Gebrauchtmann zusammenleben oder mit ihm verheiratet sind und eine neue Familie gegründet haben. Interessanterweise wollten aber die betroffenen Männer in fast allen Fällen lieber nicht über ihre neue Lebenssituation reden und legten großen Wert auf Anonymität. »Es müssen ja nicht gleich alle Nachbarn und Bekannten Bescheid über meine Gefühle wissen«, sagte einer, der nicht genannt sein will. Den Frauen dagegen war es wichtig, ihre Position klarzustellen – und das haben sie in ausführlichen Protokollen auch getan. Mein Dank geht an alle, die sich dafür die Zeit genommen haben und in großer Offenheit und Ehrlichkeit über die Höhen und Tiefen der Liebe zu einem gebrauchten Prinzen berichtet haben.

Einleitung

Es sieht ganz so aus, als wäre die traditionelle Ehe ein Auslaufmodell. Zugeben, das ist kein neuer und erst recht kein revolutionärer Gedanke, denn schon seit Jahren werden Ehen nicht mehr vom Tod, sondern vom Richter geschieden, was im Zeitalter der »Best Ager« auch nicht weiter verwundert. Seit die Lebenserwartung in den Industrienationen immer höher wird, ist für viele Paare die Vorstellung vom Zusammenleben mit ein und demselben Partner über viele Jahrzehnte hinweg eher Zumutung denn romantischer Wunschtraum. Dagegen wird der Lebensabschnittsgefährte allmählich zur Norm. Berufliche Mobilität, hoher Druck in der Arbeitswelt, Angst vor sozialem Abstieg, aber auch eine Fülle von Freizeitaktivitäten zwingen selbst Durchschnittsfamilien zu einem minutiös durchgeplanten Alltag. Erschreckenderweise haben heute schon Kinder Terminkalender wie ihre berufstätigen Eltern.

In solchen beinahe geschäftsmäßig geführten Haushalten kollidieren romantische Ideen von Liebe und Bilderbuchfamilie mit knallhartem Zeitmanagement. Immer wieder erleben Paare, die ihre Partnerschaft für glücklich gehalten haben, dass ihnen die Liebe verloren gegangen ist. Später, wenn es dann tatsächlich zur Trennung kommt, fällt es ihnen schwer, einen Grund für das Auseinanderdriften ihrer Lebenswege zu nennen. Wenn eine Geliebte oder ein Liebhaber im Spiel sind, scheint oft die Ursache für die Trennung gefunden, doch wer genauer hinschaut, wird feststellen, dass dies nur ein Symptom für den schleichenden Prozess der Entfremdung ist.

Rund 220 000 Scheidungen zählte das Statistische Bundesamt 2005, Tendenz weiter steigend. Es wird also immer wahrscheinlicher besonders für Frauen der Generation »30 plus« einem Mann zu begegnen und sich in ihn zu verlieben, der nicht nur die eine oder andere Beziehung hinter sich hat, sondern auch eine Scheidung. Und jede Ehe, die vor dem Familiengericht endet, hat nun einmal weitreichende Konsequenzen. Es werden finanzielle Regelungen getroffen, die über viele Jahre das Konto des unterhaltspflichtigen Partners belasten, oder es kommt zur schmerzhaften Teilung des Vermögens, das während der Ehe erwirtschaftet wurde. Fast immer glaubt derjenige, der beruflich erfolgreicher war, und das sind auch heute noch meist die Männer, dass ihm der Löwenanteil zustehe. Wer zahlen muss, fühlt sich meist über Gebühr belastet, empfindet die Regelungen, die das Gericht oder Anwälte getroffen haben, als ungerecht, sieht sich als Spielball von Gesetzen, die am grünen Tisch entstanden sind und der Lebenswirklichkeit der Betroffenen nicht gerecht werden.

Viele Secondhand-Männer sind mit einer solchen Hypothek belastet. Damit wir uns nicht falsch verstehen: Das spricht nicht gegen sie, fordert aber von ihren Partnerinnen eine Menge Verständnis. Bislang hat sich der Gesetzgeber eindeutig auf die Seite der ersten Ehefrau gestellt und von der zweiten verlangt, dieses zu akzeptieren. So kann es sein, dass die Unterhaltsleistungen, die der Mann an die erste Ehefrau und seine Kinder zahlen muss, es ihm unmöglich machen, mit seiner Partnerin einen familiären Neustart zu versuchen. Der Gesetzgeber verlangt, dass die neue Partnerin mitarbeitet. Eine Babypause ist so durch die hohe finanzielle Belastung oft nicht mehr zu managen. Die erste Frau dagegen kann sich darauf berufen, dass sie schließlich die Kinder betreue und deshalb nicht arbeiten gehen könne.

Eigentlich sollte das Unterhaltsrecht jetzt reformiert werden und im Juli 2007 in Kraft treten. Dabei sollten die Kinder aus einer neuen Partnerschaft denen aus der ersten Ehe gleichgestellt werden. Reicht das Geld nicht für alle, sollen Kinder Vorrang vor der Exfrau haben, auch die aus einer neuen, nicht ehelichen Beziehung. Scheidungsanwälte rechnen damit, dass sich allein erziehende Mütter nach der Scheidung künftig einen Job suchen müssen, sobald der Nachwuchs in den Kindergarten geht. Nach altem Recht bekommen die Frauen selbst dann Unterhalt, wenn die Kinder bereits in der Schule sind und sie selbst theoretisch in der Lage gewesen wären, zumindest eine Teilzeitstelle anzunehmen. Doch in letzter Sekunde wurde die Reform Ende Mai auf Eis gelegt.

Ob die Reform des Unterhaltsrechts die finanzielle Situation von Secondhand-Männern und ihren ehemaligen Familien wirklich verbessert hätte, wird von Fachleuten bezweifelt. In einem Interview mit der *Frankfurter Allgemeinen Sonntagszeitung* befürchtet der Rechtshistoriker Prof. Dieter Schwab, dass zwar die Kinder mehr, die Mutter aber weniger bekommen würde und sich damit am Gesamteinkommen des unterhaltsberechtigten Haushalts nichts ändern würde.

Wer jedoch von der neuen Gesetzeslage eigentlich profitieren wollte, sind die Männer. Seitdem man sich seit 1977 im Scheidungsrecht auf das sogenannte Zerrüttungsprinzip – im Gegensatz zum Schuldprinzip (einer von beiden ist »schuld« daran, dass die Ehe zerbrochen ist) reichte es nun, dass beide Partner ihre Ehe als »zerrüttet« erklärten – berufen konnte, sind viele Männer durch Unterhaltszahlungen, die sie an Kinder und nicht berufstätige Ehefrauen leisten mussten, an die Grenzen ihrer finanziellen Belastbarkeit gestoßen. Denn die Rechnung, dass ein Einkommen, das zuvor einen Haushalt finanzierte, nun für zwei reichen solle, ging meistens nicht auf. Und so erhalten viele geschiedene Frauen und ihre Kinder nicht den vollen Unterhalt, der ihnen per Gesetz zusteht, da der Exmann gar nicht in der Lage ist, so viel von seinem Nettoverdienst abzugeben. Dass der eine oder andere sich elegant arm rechnet, gehört leider ebenfalls zu den düsteren Seiten des Scheidungsalltags.

Was ein Gesetz nicht regeln kann, sind die emotionalen Folgen der Scheidung, die die Liebe zu einem gebrauchten Mann häufig vor eine Zerreißprobe stellt. Die Erfahrung von Trennung und Scheidung ist oft traumatisch, für die Erwachsenen, besonders aber für die Kinder. Es dauert lange, bis die seelischen Wunden verheilt sind. Therapeuten und Scheidungsmediatoren sprechen von einem Zeitraum bis zu fünf Jahren, den die Betroffenen brauchen, um emotionale Verletzungen zu verarbeiten. Natürlich will in dieser Zeit niemand allein bleiben. Man verliebt sich neu, geht feste Partnerschaften ein, gründet eine zweite Familie. Was man sich dabei nicht klarmacht: Die Vergangenheit hat einen immer noch fest im Griff, man kann nicht einfach zurück auf START, ein neues Spiel beginnen und die eigene Geschichte außer Acht lassen.

Die Konsequenz heißt jedoch nicht: Hände weg von gebrauchten Prinzen. Im Gegenteil. Die Versorgungslücke für Männer aus erster Hand wird größer und größer, Secondhand-Männer steigen dagegen im Kurs. Patchworkfamilien, in Großstädten längst keine Seltenheit mehr, werden zum Normalfall und das Familienmodell der Zukunft.

Nun bietet das Zusammenleben mit einem gebrauchten Mann glücklicherweise nicht nur Diskussionen um Unterhaltszahlungen und Besuchsregelungen. Nach einer Studie der Frauenzeitschrift *freundin* vom März 2007 sagen immerhin 88 Prozent der Frauen zwischen 18 und 60 Jahren, dass sie die Vorgeschichte eines geschiedenen Mannes nicht störe. Rund ein Drittel der Frauen ist sogar der Meinung, dass geschiedene Männer einfühlsamere Partner seien als ledige. Die Erfahrung von Trennung mache sie in einer neuen Partnerschaft reifer und vorsichtiger. Ein eindeutiges Votum für Secondhand-Männer.

Allerdings, und hier kommt das Haar in der Suppe, zieht tatsächlich jede zweite Frau eine Grenze, wenn es ums Geld geht. Ist ein Mann durch die Scheidung finanziell stark in Mitleidenschaft gezogen, kommt für sie eine dauerhafte Partnerschaft nicht mehr in Frage.

I. Märchen in Sachen Liebe

Der verwunschene Prinz oder warum Frauen immer vom großen Helden träumen

Die Pop-Sängerin Mariah Carey beschwört ihn mit ihrer unnachahmlichen Stimme herbei: »… *and then a hero comes along* …«, singt sie und spricht Millionen Frauen, die bei diesem Song sofort das Feuerzeug zücken, um es in die sternenklare Nacht leuchten zu lassen, aus der Seele.

Und dann kommt mal eben so ein Held vorbei. Genauso wie wir uns das schon als kleine Mädchen vorgestellt haben. Wir hören Mariah zu und kriegen vor Rührung feuchte Augen. Ach ja, das wär's jetzt. Alle Alltagssorgen sind wie weggepustet, alle Probleme dürfen wir auf seine starken Schultern laden: *a hero comes along.*

Wir vergessen, dass wir inzwischen Abitur gemacht, einen taffen Job haben, in Konferenzen die männlichen Kollegen locker an die Wand diskutieren. Wir fahren ein Auto, das wir selbst ausgesucht und auch selbst bezahlt haben, meistern unser Leben mit leichter Hand, und wenn wir Erholung brauchen, oder auf neudeutsch chillen wollen, gönnen wir uns ein Wochenende im Wellness-Hotel oder setzen uns in den nächsten Billig-Flieger, um nach Rom, Paris, Venedig oder irgendwo an den Strand zu jetten.

Moderne Frauen befinden sich emotional gesehen in einem

merkwürdigen Widerspruch. Im Beruf geben sie sich oft härter als der coolste Mann, während zu Hause noch der Teddybär auf dem Kopfkissen sitzt. Nach außen mimen sie die durchorganisierte Businessfrau, nach innen sind sie verletzlich und empfindsam und schmachten heimlich Rhett Butler in *Vom Winde verweht* an. Einerseits sind wir stark und lassen uns von keinem Mann mehr sagen, wo es langgeht, andererseits wollen wir auch mal schwach sein und uns anlehnen.

Nun wäre gegen diese beiden Kehrseiten ein und derselben Medaille gar nichts einzuwenden, denn Gegensätze machen das Leben bekanntlich bunt und besonders interessant. Wenn es aber um die Liebe geht, kann ein solcher Widerspruch geradewegs ins Gefühlschaos führen. Wir senden die Signale: Ich bin stark, ich bin selbstbewusst, ich bin unabhängig. Wir meinen aber etwas ganz anderes. Zum Beispiel: Ich habe es satt, stark zu sein. Oder: Ich will mich endlich mal fallen lassen. Und vielleicht: Ich sehne mich nach jemandem, der meine Probleme für mich löst.

Wir alle kennen das Märchen von der schönen Königstochter, deren goldene Kugel eines Tages in den Brunnen fällt. Die Prinzessin blickt verzweifelt in den dunklen Brunnen, kann aber ihr Spielzeug nicht mehr finden. Netterweise hilft ihr ein Frosch aus der Patsche und holt die Kugel aus den unheimlichen Tiefen des Brunnens. Leider verlangt er eine Gegenleistung. Er will von nun an neben der Prinzessin am Tisch sitzen, von ihrem Teller essen, in ihrem Bett schlafen. Dass sie den garstigen Frosch nicht an ihrer Seite haben möchte, ist verständlich, und sie greift denn auch zu einer ziemlich drastischen Maßnahme, um in Zukunft nicht mehr von ihm belästigt zu werden: Sie schmeißt ihn mit voller Wucht an die Wand.

Eine vollkommen brutale und aggressive Reaktion, die jedoch auf der Stelle belohnt wird. Denn der malträtierte Frosch verwandelt sich nicht in einen hässlichen Fleck an der Wand, sondern entpuppt sich als stattlicher Prinz. *And then a hero comes along …*

Die Beziehung zwischen Frosch und Prinzessin ist oft interpretiert worden, Bruno Bettelheim etwa hat das Märchen psychoanalytisch unter die Lupe genommen und sieht in dem Frosch ein Symbol für eine sexuelle Beziehung. Es gibt spirituelle Deutungen, in denen es in erster Linie um unbewusste Ängste und um Läuterung geht, und Eugen Drewermann sieht im *Froschkönig* vor allem eine brisante Beziehungsgeschichte zwischen zwei neurotisch geprägten Wesen, die es am Ende dennoch schaffen, eine Partnerschaft zu führen. In der Tat ist das Märchen so vielschichtig, dass es all diese Deutungen zulässt. Natürlich kann man das Verhalten der Prinzessin vor dem Hintergrund erwachender Sexualität sehen, doch ebenso sehr könnte man ihr eine starke Vaterbindung unterstellen, die ihre Beziehung zum Frosch entscheidend prägt. Wir wollen hier aber nicht darüber spekulieren, wie und unter welchen Umständen Frösche zu Prinzen werden, sondern uns mit dem umgekehrten Phänomen befassen: Warum werden im wirklichen Leben eigentlich aus vermeintlichen Prinzen meist Frösche? Und zwar, ohne dass man sich die Mühe machen muss, sie an die Wand zu pfeffern.

Da hat man mit Mariah Carey geglaubt, diesmal sei aber nun wirklich ein Held vorbeigetrabt – und dann handelt es sich doch nur wieder um einen ganz normalen Mann. Meistens auch noch um einen gebrauchten, einen, der schon einmal bei einer anderen Prinzessin Station gemacht hat und nun doppelt entzaubert ist. Er ist weder Prinz noch Held, und an seinen Füßen hängt die Vergangenheit wie bleiernes Eisen. Um ein letztes Mal den *Froschkönig* zu bemühen: Während im Märchen die Eisenringe um Heinrichs Herz aufbrechen, kann sich der gebrauchte Prinz von seinen Fesseln nicht lösen.

Der gebrauchte Prinz war schon einmal verheiratet – mit Aschenputtel, Dornröschen, Rapunzel oder irgendeiner anderen Märchendame – und muss in den meisten Fällen die Königskinder aus seiner ersten Ehe versorgen, samt der Aschenputtel, Dornröschen oder Rapunzel. Alle erwarten etwas von ihm: Die frühere Familie verlangt, dass er sich weiter um sie kümmert – bis vielleicht ein anderer Prinz seinen Platz einnimmt. Die neue Liebe will, dass er nur für sie da ist. Armer Prinz. Zwischen diesen Fronten wird jeder Held über kurz oder lang zerrieben.

Bleibt die Frage, warum Frauen so gern von einem Prinzen träumen. Immerhin leben wir im 21. Jahrhundert, haben ungefähr fünf Jahrzehnte Emanzipation hinter uns und sollten inzwischen zu schätzen wissen, einem Mann auf Augenhöhe zu begegnen. Tun wir ja eigentlich auch, aber manchmal dann eben doch nicht.

Ehrlich gesagt, ich habe keine zufriedenstellende Erklärung für diesen Widerspruch gefunden. Keine wissenschaftliche Studie befasst sich mit der Barbie in unserem tiefsten Inneren, die von der großen Liebe zum perfekten Ken träumt. Möglicherweise ist aber auch der Wunsch nach dem Helden nichts anderes als die Sehnsucht nach Romantik. Liebe wird gleichgesetzt mit einem märchenhaften Zustand, der idealerweise das ganze

Leben lang anhalten soll. Ewige Verliebtheit heißt die Devise, die auch auf die Ehe übertragen wird.

Paartherapeuten vermuten, dass es sich hierbei um eine sehr berechtigte Gegenbewegung zum patriarchalischen Partnerschaftsmodell früherer Zeiten handelt, das in der Regel zur reinen Konvention erstarrt war und keinesfalls den Eindruck von lebenslanger Liebe vermittelte.

Noch in den 50er Jahren des 20. Jahrhunderts war die Ehe eine Versorgungseinrichtung, der vielleicht einmal Verliebtheit zugrunde gelegen hatte, die aber mit der Zeit zu einem lieblosen Miteinander verkümmert war. Viele Frauen haben in solchen Ehen gelitten, hinter den glatten, makellosen Fassaden verbarg sich frauenfeindliches Denken und allzu oft auch Handeln.

Erinnern wir uns an die Großeltern, vielleicht auch an die Eltern, die ganz andere Ehen führten als die, die heute gelebt werden. Von einer partnerschaftlichen Beziehung waren sie meist kilometerweit entfernt, ja, die Idee, dass Männer und Frauen gleichberechtigt sind und sich auch in der Liebe auf Augenhöhe begegnen sollten, galt geradezu als ketzerisch.

Glücklicherweise ist gerade in Sachen Partnerschaft in den letzten sechzig Jahren viel geschehen. Durch die Gleichberechtigung entstanden neue Paarmodelle, und selbst wenn immer noch in vielen Beziehungen spätestens mit dem ersten Kind die überholte Regelung – er verdient das Geld, sie kümmert sich um Kinder und Haushalt – getroffen wird, ist doch die Einstellung zu Liebe und Partnerschaft eine ganz andere.

Doch genau hier lauern auch Gefahren. Die Ansprüche an die Liebe sind nicht nur gewachsen, sondern die Liebe wird in so hohem Maße idealisiert und verklärt, dass es wohl keinem gelingen wird, diese Vorstellungen von Liebe und Beziehung in die Realität umzusetzen. Wir fordern heute von der Liebe, dass sie uns in einen immerwährenden Zustand der Verliebtheit versetzt. Das moderne Liebesideal, der Paartherapeut Hans Jellouschek nennt es ein neo-romantisches Ideal, verlangt von einem Paar, dass es nicht nur unablässig Lust aufeinander hat und faktisch 24 Stunden am Tag spitz wie Nachbars Lumpi ist, sondern dass der verklärende Blick auf den Partner möglichst lange anhält.

Man will die rosarote Brille am liebsten gar nicht mehr absetzen, für immer auf Wolke sieben schweben und jedes Mal, wenn man den anderen ansieht, das berühmte Kribbeln im Bauch verspüren. Besonders Frauen haben das neo-romantische Liebesideal zur Norm erhoben und reagieren auf jede seismographische Erschütterung ihres Gefühlslebens mit Enttäuschung. Oder, wenn wir beim Bild des verwunschenen Prinzen bleiben, mit Entzauberung.

Die Idealisierung der Liebe führt letztlich zur Trennung – und damit zu einem Punkt, den man von Anfang an um jeden Preis vermeiden wollte. Fakt ist: Eine Beziehung, die so märchenhaft romantisch und gefühlvoll sein und bleiben soll, muss scheitern. Was die tägliche Erfahrung auch knallhart zeigt. In den letzten drei Jahrzehnten gingen die Scheidungszahlen in schwindelerregende Höhen, noch vor ein paar Jahren fürchtete man, dass bald jede dritte Ehe geschieden würde, inzwischen ist es bereits jede zweite.

Wer die Liebe als nicht endende Verliebtheit definiert, begibt sich selbst in einen Teufelskreis. Verliebtheit ist ein wunderbarer

Zustand, aber alle Erfahrung zeigt, dass er nicht anhält. Glücklicherweise, könnte man sagen, hat die Natur es so eingerichtet, denn andernfalls würden wir auf Dauer den Verstand verlieren. Wir alle kennen die Symptome schwerer Verliebtheit: weiche Knie, schwitzende Hände, Unkonzentriertheit, Nervosität, aber auch strahlendes Aussehen, unerschüttlicher Optimismus, Selbstbewusstsein, Lust auf Sex und einen Hormonhaushalt auf höchstem Niveau.

In dieser Phase könnten wir die Welt aus den Angeln heben, Tag und Nacht arbeiten, ohne müde zu werden, und wenn wir wollten zehn andere Männer um den Finger wickeln. Denn: Unsere Ausstrahlung macht uns zur schönsten Frau der Welt. Beim Objekt unserer Begierde handelt es sich natürlich um den fleischgewordenen Märchenprinzen.

Dann aber geschieht das, was in jeder Beziehung passiert: Sie wird alltäglich. Kein Paar, und ist die Verliebtheit auch noch so groß, kann unablässig Lust aufeinander haben, niemand läuft ständig mit einer rosaroten Brille herum. Irgendwann setzt man sie ab. Und was sieht man dann? Einen ganz normalen Mann. Beziehungsweise eine ganz normale Frau.

Wenn die Verliebtheit vergeht, setzt die Liebe eigentlich erst ein (sofern vorhanden), aber für viele ist sie genau in diesem Moment bereits wieder vorbei. Aus Enttäuschung über die keineswegs perfekte Beziehung, aus Frust über die Entzauberung des Prinzen, sehnt man sich nach einer neuen Liebe. Nach einem anderen Partner, bei dem sich der Überschwang der Gefühle wieder einstellt, der die Verliebtheit ins Leben zurückbringt und einen aus dem Alltagstrott reißt.

Immer wieder setzen Frauen und Männer Liebe mit Verliebtheit gleich und glauben, sie hätten die Liebe verloren, weil die Hormone nicht mehr Amok laufen. Resultat: Sie trennen sich, werden aber auf Dauer auch mit dem nächsten Prinzen nicht glücklich. Andere bleiben zusammen, suchen aber erotische und emotionale Erfüllung in einer Affäre. Und wieder andere resignieren und träumen nur noch vom Märchenprinzen.

Die hohen Ansprüche, die die Liebe heutzutage erfüllen soll, haben dazu geführt, dass ein großer Teil der Männer, die sich auf dem »freien Markt« befinden, bereits langjährige feste Beziehungen oder sogar eine Ehe hinter sich hat. Ähnliches gilt logischerweise für Frauen. Wer jedoch die Erfahrung einer Trennung oder Scheidung gemacht hat, hat erlebt, wie die Liebe gescheitert ist vielleicht sogar *obwohl* verzweifelt darum gekämpft wurde, sie zu erhalten. Das sind schmerzhafte Einschnitte im Leben, die weitreichende Konsequenzen haben und die niemand einfach so wegsteckt.

Die Folgen von Trennung und Scheidung waren in den vergangenen zwanzig Jahren Gegenstand vielzähliger Studien. Besonders der verlassene Partner empfindet sich als Versager, leidet unter Selbstmitleid, Angst, Einsamkeit und plagt sich mit Schuldgefühlen. In der ersten Phase nach einer Trennung oder Scheidung sinkt die Leistungsfähigkeit, viele Betroffene klagen über Konzentrationsstörungen, abrupte Stimmungswechsel, Hilflosigkeit und Unsicherheit. Hinzu kommen psychosomatische Störungen wie Kopf- oder Magenschmerzen, Kreislaufprobleme, unerklärliche Müdigkeit.

Symptome und Probleme, die man von seinem strahlenden Helden nicht gerade erwartet. Entsprechend desillusionierend kann die Liebe zu einem gebrauchten Prinzen zunächst sein. Gerade ein gebrauchter Prinz kann dem Wunsch nach dem »Hero« oft nicht gerecht werden. Selbst wenn er nach außen ein Bild von einem Mann sein mag, innerlich sieht es oft ganz anders aus. Das bedeutet: Wer mit einem gebrauchten Prinzen – und deren Zahl wird in Zukunft eher noch anwachsen – glücklich werden will, sollte sich von allen Kleinmädchenträumen in Sachen romantischer Liebe verabschieden. Was nicht heißt, dass es mit einem gebrauchten Prinzen keine romantischen Stunden mehr gibt. Nein. Im Gegenteil. Aber eines sollte uns klar sein. Dieser neue Mann in unserem Leben hat nichts, aber auch gar nichts, mit dem strahlenden Helden unserer Phantasie zu tun. Barbie und Ken sind eben einfach nur Puppen, und wir sollten sie da lassen, wo sie hingehören: in der alten Spielkiste aus unserer Kindheit.

Ein gebrauchter Prinz wird nur mit einer erfahrenen Frau leben können, die bereits alle unreifen Erwartungen und Illusionen über Bord geworfen hat. Beim Zusammenleben mit diesem besonderen Prinzen geht es oft darum, Antworten auf höchst komplizierte Fragen zu finden, Probleme zu lösen, Konflikte auszuhalten und Krisen zu überstehen. Hinzu kommt, dass ein gebrauchter Prinz meist nicht mehr frei in all seinen Entscheidungen ist. In vielen Dingen kann die Exfrau mitreden, und auch die Kinder, sofern vorhanden, sagen oft lautstark ihre Meinung. Da ist es von entscheidender Bedeutung, ob man es schafft, diesen ganz speziellen Alltag gemeinsam zu bewältigen.

Gebrauchte Prinzen haben meist eine Menge Narben, oft sind diese unsichtbar, manchmal entdeckt man sie relativ schnell.

Eine Frau, die beim ersten Anzeichen der Entzauberung ihres Prinzen alles hinwirft, und den gebrauchten Mann zurücklässt, um sich weiter auf die Suche nach einem unbeschädigten Modell zu machen, wird vermutlich nie aus dem Träumen herauskommen, geschweige denn den Richtigen finden.

Die Liebe zu einem gebrauchten Prinzen mag unbeschwert, heißblütig, lustvoll und leidenschaftlich sein. Dennoch bringt sie von Anfang an andere Schwierigkeiten und Herausforderungen mit sich als die zu einem »ungebrauchten«.

An dieser Stelle seien nur die größten Hürden, die es zu nehmen gilt, genannt:

- die Exfrau
- die Kinder
- die Unterhaltszahlungen
- die Bindungen an das frühere soziale Umfeld, vor allem an die Familie
- die Briefe vom Anwalt
- die Angst, einen Fehler zweimal zu machen
- die fehlende Zeit für Zweisamkeit

Selbst in der Phase allergrößter Verliebtheit lassen sich diese Punkte nicht einfach wegdiskutieren, ganz davon abgesehen, dass es grundfalsch wäre, deswegen den Kopf in den Sand zu stecken. Genauso falsch wäre es allerdings seinem Prinzen falsches Mitgefühl entgegenzubringen. Zwei Dinge sollte man einem gebrauchten Prinzen nämlich in jedem Falle ersparen: Mitleid und Vorwürfe in Sachen Vergangenheit.

Was in seinem früheren Leben passiert ist, kann er ohnehin

nicht ungeschehen machen, und das Gepäck, das er mit sich herumträgt, ist, wie es ist. Deshalb braucht eine neue Partnerin mindestens diese drei Stärken:

- viel Verständnis für seine Situation
- Geduld
- eine Menge Selbstbewusstsein

Hören wir also auf, uns nach dem Helden zu sehnen, packen wir die Probleme lieber an der Wurzel an und bewältigen sie. Und wer weiß, vielleicht sehnt sich der gebrauchte Prinz ja selbst nach einer Heldin …

»Ich küsse ihn wach« oder die Lust am schwierigen Mann

Was ist ein schwieriger Mann?

Auf diese Frage gibt es eine ganze Reihe Antworten. Ein notorischer Seitenspringer könnte beispielsweise unter diese Kategorie fallen, ein Muttersöhnchen, ein aggressiver Mann, der seine Emotionen nicht unter Kontrolle hat, ein Suchtkranker, ein Patriarch oder ein krankhaft eifersüchtiger Mann.

Ist ein gebrauchter Prinz schwierig? Jein, könnte man sagen. Denn nur, weil ein Mann geschieden ist oder in Trennung lebt, heißt das noch lange nicht, dass er automatisch ein Choleriker ist, ein Fremdgeher oder ein Alkoholiker. Auch die Beziehung zu einem gebrauchten Prinzen muss nicht allein deswegen kompliziert sein, weil der Prinz »nur« secondhand ist, meistens ist sie es aber doch, wenn auch aus anderen Gründen.

Es gibt Männer, die gelten als schwierig, weil sie ein aufgeblasenes Ego haben, das ein Zusammenleben mit ihnen unerträglich macht. Andere haben eine sehr unklare Vorstellung von den Begriffen Bindung und Treue und handeln entsprechend. Es dürfte so gut wie unmöglich sein, mit diesen Exemplaren eine ernsthafte Partnerschaft zu führen. Dann wieder gibt es Männer, die sich als eine Art Vorzeige-Macho verstehen – auch schwierig.

Ein gebrauchter Prinz hat erst einmal nur die Eigenschaft des Gebrauchtseins, was ihm das Etikett »möglicherweise schwierig« verleiht. Von den anderen unangenehmen Eigenschaften eines komplizierten Mannes wollen wir an dieser Stelle lieber gar nicht sprechen. Konzentrieren wir uns auf das Gebrauchtsein und die Probleme, die daraus resultieren.

Zum Beispiel:

- Ein gebrauchter Prinz hat mindestens zwei Frauen im Kopf, deren Wünsche und Forderungen er koordinieren muss. Bei der einen handelt es sich um seine Exfrau, bei der anderen um seine neue Liebe. Und während letztere seinen Testosteron-Spiegel im positiven Sinn nach oben schießen lässt, gelingt das der Erstfrau im negativen. Beide aber lösen starke Gefühle aus – mit denen man erst einmal umgehen können muss.
- Gebrauchte Prinzen können oft nicht frei und unabhängig über ihre Zeit verfügen. Außerdem wollen sie es meist allen recht machen (vorrangig natürlich der neuen Liebe und den Kindern, sofern vorhanden), wodurch sie noch mehr unter Druck geraten. Stress macht aber bekanntlich nicht glücklich, sondern gereizt, launisch und nervös.
- Zu den wesentlichen Merkmalen eines gebrauchten Prinzen gehört, dass er notorisch blank ist. Einkommen und Vermögen halbieren sich durch Trennung oder Scheidung, und selbst wenn die Exfrau ihr eigenes Geld verdient, sind da oft noch die Kinder, für die Unterhalt fällig ist.
- Diese Tatsache ist an sich kein Grund zur Panik. Schwierig wird es erst dann, wenn der Wegfall von 50 Prozent seines Nettoverdienstes ihm 200 Prozent Verbitterung beschert. Eine erhebliche Belastung für die Partnerschaft.

- Ein gebrauchter Prinz hatte mal eine Familie, die es jetzt so nicht mehr gibt. Dieser Verlust schmerzt den Prinzen oft mehr als er zugeben kann oder will. Selbst wenn es ihm gelingt, mit seiner neuen Liebe eine zweite Familie zu gründen, lässt sich die Bindung an die erste nicht einfach mit einer Schere durchschneiden. Der Schmerz über den Verlust bringt oft große Angst vor neuer Trennung mit sich. Das macht ihn dünnhäutig und verletzlich, aber in manchen Fällen auch misstrauisch und zurückhaltend.
- Auch gebrauchte Prinzen waren einstmals Märchenprinzen und wurden als strahlende Helden verehrt. Diese Zeiten sind vorbei. Der Sturz vom Sockel hat blaue Flecken hinterlassen, und ihr Selbstbild als Mann hat Risse bekommen. Vor allem diejenigen, die von ihrer Frau verlassen wurden, leiden unter ihrer neuen Rolle. Deshalb setzen sie in Zukunft alles daran, die Entzauberung zu verhindern, was das Leben mit ihnen ausgesprochen schwierig machen kann.

Nun macht die Liebe bekanntlich blind und bringt es mit sich, dass im Rausch der Hormone die ein oder andere Schwierigkeit übersehen wird. Solange man die Augen nicht grundsätzlich vor den Problemen verschließt, ist das kein Drama. Fatal wird die Sache erst dann, wenn Frau die Situation zwar erkennt, sich aber in naiver Überschätzung der Gefühle darauf verlässt, dass sich der Alltag mit einem gebrauchten Prinzen schon irgendwie hinschaukeln lässt. Eine Hoffnung, die sich leider oft als trügerisch entpuppt. Genauso wie der (Aber-)Glaube, dass Liebe alles heilt. Hierbei handelt es sich nicht nur um einen Irrtum, sondern um ein Märchen der besonders verlogenen

Art. Liebe kann vieles erleichtern, aber wer auf die Allmacht der Gefühle vertraut, wird feststellen, wie schnell diese Gefühle auf Nimmerwiedersehen verschwinden können. Ein klarer Verstand und ein großes Herz – immer beides zusammen – helfen, Probleme zu lösen.

Gerade bei gebrauchten Prinzen kann es sein, dass sich Verwicklungen häufen, sie einfach unter den Teppich zu kehren, führt jedoch zu nichts. Dadurch werden Konflikte nämlich nicht gelöst, die Sorgen bestehen weiter und brodeln kräftig unter dem Deckel der Liebe vor sich hin. So lange, bis der Kessel explodiert.

Besser: Bewahren Sie sich bei aller Liebe einen geschärften Blick. Ein guter Trick ist, sich ab und zu vorzustellen, dass man selbst auf einem Hügel steht und von dort aus die eigene Partnerschaft beobachtet. In der Rolle des Betrachters kann man die Dinge mit größerer Distanz erleben – und das wiederum hat den Vorteil, Geschehnisse oder Begebenheiten unbefangener, neutraler einschätzen zu können. Die Vogelperspektive verschafft mehr Überblick.

Wer dagegen die Froschperspektive eingenommen hat, kann überhaupt nur einen Ausschnitt des Ganzen erkennen. Eine vollkommen unmögliche Position, um Entscheidungen zu treffen. Der Frosch quakt und hat keine Chance, die Teile, die er erkennt, zusammenzusetzen. Schon aus diesem Grund sollte man sich hüten, einen Frosch zu küssen.

Noch einmal: Liebe heilt weder Charakterfehler noch andere Defizite. Liebe kann stärken und unterstützen, aber sie kann kein Urteil des Familiengerichts rückgängig machen oder das Verhalten der Exfrau beeinflussen. Ein gebrauchter Prinz wünscht sich, dass seine neue Partnerin auf seiner Seite ist. Und eben nicht an Märchen glaubt.

Auch wider besseres Wissen auf den Faktor Zeit zu setzen, kann ein schlimmer Fehler sein. Der Faktor Zeit ist eine unbekannte Größe, und die Erfahrung zeigt, dass ungelöste und nicht bearbeitete Konflikte zumeist nicht kleiner, sondern größer werden. Sicher können sich Probleme auch im Laufe der Jahre mehr oder weniger von selbst lösen. Die Exfrau heiratet vielleicht wieder, wodurch die Unterhaltsleistungen für ihn geringer werden. Kinder werden älter, sind irgendwann aus dem Gröbsten raus, und wenn sie erst aus dem Haus sind, sieht auch die finanzielle Lage wieder besser aus. Nur bis dahin führt ein langer, steiniger Weg …

Auch Gefühle ändern sich natürlich im Lauf der Zeit. Nach einer amerikanischen Studie fühlen sich rund vier Fünftel der Geschiedenen nach zwei Jahren wieder wohl. Der Rest braucht allerdings bis zu zehn Jahre, um das Leben wieder wie vor der Scheidung genießen zu können. Kam die Trennung abrupt und hatte der Verlassene geglaubt, in einer harmonischen Partnerschaft zu leben, kann sich der Scheidungsschmerz sogar noch länger hinziehen.

Fragt sich also, wie viel Zeit man sich und der Partnerschaft mit einem gebrauchten Prinzen geben will, wenn man nach der Devise »Abwarten und Tee trinken« verfährt. Ein Jahr, zwei Jahre, zehn Jahre?

Falls die Kinder des gebrauchten Prinzen zum Beispiel erst in der Grundschule sind, bräuchte man eine Menge Geduld, um bis zum Diplom, und damit dem Ende der Unterhaltsleistungen, zu warten. Und in Sachen Wiederverheiratung der

Exfrau dürften manche bis zum Sankt-Nimmerleins-Tag hoffen. Fazit: Drückt schon am Anfang einer neuen Partnerschaft irgendwo der Schuh, macht es keinen Sinn, passiv zu bleiben und anzunehmen, dass es die Zeit schon richten wird.

Besser: Gestalten Sie die Zukunft mit einem gebrauchten Prinzen aktiv und gehen Sie die Probleme tatsächlich an. Am besten allerdings nach einem bestimmten Muster.

1. Das, was man nicht ändern kann – zum Beispiel die Unterhaltszahlungen – wird akzeptiert, gedanklich in eine Kiste gepackt und verräumt. Die Kiste kann man ab und zu hervorholen, um nachzusehen, ob sich etwas verändert hat. Da dies in der Regel nicht der Fall ist, bleibt die symbolische Kiste meist über einen längeren Zeitraum im Hintergrund. Das schafft Platz im Kopf für Wichtigeres. Jedes andere Verhalten fällt unter Verschwendung von Energieressourcen, die man an anderer Stelle vermutlich dringender braucht.
2. In allen Belangen, die seine frühere Familie betreffen, hat die neue Partnerin allenfalls eine beratende Funktion. Sie gibt weder Befehle, noch Anordnungen, sondern hält sich diskret im Hintergrund. Vorwürfe, Sticheleien, schlechtmachen der Exfrau sind tabu. Dasselbe gilt für den Rest der Familie, für die ehemaligen Schwiegereltern, den Schwager, die Schwägerin, vor allem aber für die Kinder.
3. Gegenwart und Zukunft liegen in der Hand des gebrauchten Prinzen und seiner neuen Partnerin. Hier sind beide gefragt, und hier darf auch der Faktor Zeit ins Spiel kommen. Denn überall dort, wo beide gemeinsam etwas für ihre Liebe tun, müssen sie sich nicht unter Druck setzen lassen. Wenn es um

Ängste, Sorgen, Hoffnungen geht, ist Geduld oft ein guter Ratgeber. Wer in Ruhe abwarten kann, hat häufig die besten Karten. Konflikte aktiv lösen heißt deshalb nicht, wie die Kavallerie auf das Problem loszustürzen, sondern analysieren, abwägen und dann erst handeln. Ein gutes Beispiel sind mögliche Reibereien mit seinen Kindern aus erster Ehe.

Kinder können sehr geschickte Saboteure sein, wenn es darum geht, die neue Liebe des Vaters zu zerstören. Selbst wenn nicht alle Kinder destruktive Kräfte entwickeln, wünschen sich doch fast alle Kinder, dass die Eltern sich nicht getrennt hätten, dass die Scheidung niemals wahr geworden wäre und dass Papa und Mama irgendwie doch wieder zusammenkommen. Eine neue Liebe liegt da natürlich wie ein havariertes Schiff im Fahrwasser und versperrt der ersehnten Versöhnung den Weg.

Nun muss man nicht die Kinder mögen, nur weil man den Vater liebt, aber da seine Kinder immer seine Kinder bleiben werden, geht es nicht ohne gegenseitiges Arrangement. Und die Regeln desselben gestaltet man besser selbst, als sich zum Spielball von Grundschülern, pubertierenden Gymnasiasten oder Jugendlichen mit verzerrter Zukunftsperspektive zu machen. Allerdings gilt auch hier, dass seine Kinder ein bisschen Zeit brauchen, um sich an die neue Lebenssituation des Vaters zu gewöhnen. Und es ist nur fair, ihnen diese Zeit auch zuzugestehen.

Zu den gefährlichen Fallen in der Partnerschaft mit einem gebrauchten Prinzen gehört auch der folgende Satz: »Gut, es gibt ein paar Probleme, aber alles andere ist einfach perfekt.« Wir wissen natürlich alle, dass dies übersetzt in etwa heißt: »Ich bin verrückt nach ihm, aber seine Vergangenheit bringt mich um den Verstand.«

Am Anfang einer neuen Liebe überwiegen immer die Vorzüge. Logisch, sonst hätten wir uns ja nicht verliebt. Auch ein gebrauchter Prinz ist ein märchenhafter Liebhaber, aber was nutzt einem sagenhafter Sex, wenn ein Berg von Problemen über einem zusammenbricht, sobald man das Bett verlässt? Selbst ein angeschlagener Held kann ein unvergleichlicher Charmeur sein. Aber was hat man davon, wenn er außer Charme nichts vorzuweisen hat? Liebe ist nicht grenzenlos belastbar, und Gefühle allein können einer Partnerschaft auf Dauer nicht das Überleben sichern. Sie sind zwar heutzutage die Grundvoraussetzung, aber keine Risikoversicherung. Stimmen die äußeren Bedingungen nicht, verbrauchen sich Gefühle schneller als einem lieb ist.

Bleibt die Hoffnung, dass er sich und sein Umfeld ändert. Aber ist das realistisch? Kann ein gebrauchter Prinz das überhaupt? Die bittere Wahrheit ist, dass niemand einfach so aus seiner Haut herauskann, selbst wenn er es sich wünscht. Und ein gebrauchter Prinz wirft nicht alle Hypotheken über Bord, nicht einmal für die Frau, die er liebt. Denn jeder Eintrag auf der Sollseite hat eine Geschichte, die sich nicht wegradieren lässt. Entweder weil er selbst gar keinen Einfluss darauf hat. Oder weil er sie nicht ändern kann, weil er sie nicht ändern will, womit wir bei komplizierten psychologischen Vorgängen angelangt wären, die jede Frau an den Rand des Wahnsinns treiben können und die besser in Händen eines Profis aufgehoben sind.

Wer sich für einen gebrauchten Prinzen entscheidet, weil ein Teufelchen ihm einflüstert, schwierige Männer seien wesentlich interessanter, der wählt einen steinigen Weg. Die Lust am schwierigen Mann und damit auch an einem, der eine Menge Altlasten im Gepäck hat, hängt entweder mit einer naiven Selbstüberschätzung zusammen oder mit einem bedenklichen Hang zum Masochismus. Beide Möglichkeiten sind keine tragfähige Basis für eine dauerhafte Beziehung. Im Gegenteil. Sie verhindern die ehrliche und zukunftsfähige Liebe zu gebrauchten Prinzen. Und fördern die Illusion, man müsse diese Männer nur wachküssen und schon werde ein Liebesmärchen wahr. Irrtum. Hier geht es allenfalls ums Wachrütteln. Und da fängt man am besten bei sich selbst an.

Neu oder gebraucht?
Warum alle Männer irgendwie aus zweiter Hand sind

Kennen Sie das Märchen von *Jorinde und Joringel?* Die schöne Jorinde und der tapfere Joringel sind einander versprochen und verbringen so viel Zeit zusammen wie möglich. »Sie hatten ihr größtes Vergnügen eins am anderen«, erzählen die Brüder Grimm, bis sie eines Tages dem Garten einer bösen Zauberin zu nahe kamen und Jorinde in eine Nachtigall verwandelt wurde. Joringel weinte und flehte, er bettelte die Zauberin an, ihm Jorinde zurückzugeben, aber – wie das im Märchen und manchmal auch im richtigen Leben ist – vergebens.

Joringel ging also fort und kam in ein fremdes Dorf. Er träumte von einer blutroten Blume, in deren Mitte eine wunderschöne Perle steckte. In seinem Traum brach er die Blume ab und ging damit zum Schloss der Zauberin. Alles, was er dort mit der Blume berührte, wurde von dem bösen Zauber befreit.

Am nächsten Morgen machte er sich sofort auf die Suche nach der Blume, wanderte über Berge und durch Täler und am neunten Tag fand er die Blume. Er lief damit zum Schloss und kam in einen großen Saal mit Hunderten von Vogelkäfigen und in jedem entdeckte er eine Nachtigall. Als die Zauberin einen der Käfige heimlich beiseiteschaffen wollte, berührte er ihn mit der Blume und der Vogel verwandelte sich in Jorinde. Sie war so schön wie ehemals; auch alle anderen Vögel in den Käfigen wurden wieder zu Mädchen. Jorinde und Joringel aber gingen nach Hause und lebten lange vergnügt zusammen.

Wir wollen das Märchen von der verzauberten Jungfrau hier nicht psychoanalytisch interpretieren, sondern wir wollen es als Beispiel einer frühen und besonders geglückten Sandkastenliebe anführen. Jorinde und Joringel kennen sich schon seit der Kindheit, mögen sich, später verlieben sie sich und wollen ihr Leben miteinander verbringen. Die Gefahren, die sich ihrer Liebe in den Weg stellen, sind beachtlich, aber die beiden, vor allem der schöne und tapfere Joringel, meistern jede Herausforderung. Nicht einmal von der allmächtigen Zauberin lassen sie sich ins Bockshorn jagen. Ihre Liebe übersteht die Zeit der Prüfungen, und am Ende sind alle glücklich und zufrieden.

Aber mal ehrlich: Sandkastenlieben sind heute in etwa so selten wie die zauberhafte blutrote Blume aus dem Märchen. Irgendwo mag es Menschen geben, die sich im Sandkasten kennengelernt und dann auch geheiratet haben, man hat auch schon von solchen Menschen gehört, aber begegnet ist einem noch nie jemand, der eine derartige Geschichte vorzuweisen hat. Man kann getrost davon ausgehen, dass ungefähr 99,9 Prozent der Männer und Frauen – jedenfalls in unseren westlichen Industrieländern – mit verschiedenen Partnern eine mehr oder weniger ernsthafte Beziehung hatten, bevor sie ihre große Liebe trafen und beschlossen, mit diesem Menschen eine lange Zeit ihres Lebens, vielleicht sogar den gesamten Rest, zu verbringen.

Und da mit den Lebensjahren auch die Erfahrung wächst, steigt gleichzeitig die Zahl der abgelegten Liebschaften. Das bedeutet, dass (fast) alle Menschen die ein oder andere verflossene

Liebschaft haben, wenn sie sich für einen Lebenspartner entscheiden. Selbst wenn sich der Erfahrungsschatz Einzelner an Quantität und Qualität erheblich unterscheiden kann, ist es doch eine Tatsache, dass Frauen, die sich verlieben – seien wir großzügig und sagen Frauen ab Mitte zwanzig – immer auf einen gebrauchten Mann treffen.

Der Traummann war also immer schon mehrfach verliebt, verlobt oder sogar verheiratet. Daher hat er auch eine Ex – Exfreundin, Exgeliebte, Exverlobte, Exfrau. Ein Mann, der im heiratsfähigen Alter so unberührt ist wie ein funkelnagelneuer Lackschuh, dürfte extrem selten sein und Anlass zur Sorge geben. Denn entweder hat er vor, sein Leben dem Glauben und der katholischen Kirche zu widmen. Dann kommt er als Partner ohnehin nicht in Betracht. Oder er hätte gern eine feste Beziehung, schafft es aber nicht, weil er Angst vor Frauen oder Bindungen hat, weil er (angeblich) zu anspruchsvoll ist, weil er sich schwertut, Gefühle zuzulassen, weil er fürchtet, enttäuscht zu werden. Oder aus diversen anderen Gründen, die nicht minder besorgniserregend sein dürften.

Gebrauchte Prinzen haben daher durchaus ihre Vorteile. Einer davon heißt Erfahrung. Sie kennen die Höhen und Tiefen der Liebe, sind in Sachen Erotik versiert und haben auch schon den Schmerz erlebt, den eine Trennung mit sich bringt. Sie können flirten, charmant sein, wissen, wovon Frauen träumen. Sie haben an die Liebe geglaubt und werden es wieder tun, und sie haben bewiesen, dass sie sich einer Frau hingeben können.

Bei geschiedenen Männern kommt hinzu, dass sie schon einmal den Schritt einer festen, verbindlichen Partnerschaft gewagt haben, sich auf das Abenteuer Ehe eingelassen haben. Das spricht eindeutig für sie, auch wenn es sich möglicherweise um einen Schritt handelt, den sie inzwischen bereuen. Männer, die schon einmal verheiratet waren, gehören jedenfalls nicht zur Gattung bindungsscheu.

Gebrauchte Prinzen mit Kind geben einer neuen Liebe die Möglichkeit, den Mann ihrer Träume als Vater zu erleben. Ist er ein liebevoller oder eher ein ungeduldiger Papa? Nimmt er sich Zeit zu spielen, hat er Lust mit den Kindern etwas zu unternehmen? Schmust und kuschelt er mit den Kindern? Und wenn sein Kind schon älter ist: Wie geht er mit Problemen in der Pubertät um? Mit Schwierigkeiten in der Schule? Ist er ein Vater, der zuhört, der mit seinen Kindern lacht, der mit ihnen auch unterschiedliche Meinungen diskutiert?

Alle diese Fragen, die jede Frau, die sich mit ihrem Partner Kinder wünscht, im Kopf hat, beantwortet ein geschiedener oder getrennter Vater im Alltagstest. Ganz nebenbei erfährt man, ob er ein Familienmensch ist oder nicht.

Auch Frauen gehen ab einem bestimmten Alter nicht mehr unerfahren in eine neue Beziehung. Auch sie haben meist das große Glück, aber auch die große Enttäuschung erlebt. Liebeskummer und Trennungsschmerz tun furchtbar weh, viele beschreiben es wie einen Schlag in den Magen. »Ich verlasse dich.« »Ich habe mich in jemand anders verliebt.« »Es ist Schluss mit uns, ich kann nicht mehr.« Kurze Sätze, nur ein paar Worte, die in wenigen Sekunden Lebenspläne vom Tisch wischen, Träume zerplatzen lassen und den, der verlassen wird, in ein tiefes Loch stürzen.

Selten laufen Trennungen einvernehmlich ab, einer fällt bei

der Nachricht, dass der andere gehen will, meist aus allen Wolken. Ist noch ein Dritter im Spiel, wird die Trennung als ganz besonders schmerzhaft empfunden und das Selbstwertgefühl noch mehr erschüttert.

Gebrauchte Prinzen haben diese Gefühlsstürme erlebt, durchlitten – und überlebt. Das hat sie erschüttert und ihnen schwer zugesetzt, aber nach einer Zeit der Trauer auch Stärke gegeben. Insofern haben geschiedene Männer bindungsunwilligen Singles sogar ein großes Plus voraus: Sie wollen und können eine feste Beziehung eingehen und die Verantwortung für eine Familie übernehmen. Auf dem Weg zu einer glücklichen Partnerschaft ist dies ein wesentlicher Schritt.

Das Rebecca-Syndrom oder die Angst vor dem Schatten der Exfrau

Um einen gebrauchten Prinzen und seine Gefühle für die frühere Partnerin besser zu verstehen, lohnt es sich, einen Blick auf das zu werfen, was bei einer Trennung passiert.

Vordergründig betrachtet, beendet ein Paar, das sich trennt, eine gemeinsame Zeit. Von nun an gehen beide getrennte Wege, jeder startet sein Leben neu, vielleicht mit einem anderen Partner, vielleicht allein. Die Wohnung oder das Haus wird zumindest von einem geräumt, der Hausrat geteilt, die Finanzen einer genauen Analyse unterzogen. Die Schlösser werden ausgewechselt, die Konten getrennt, man sagt einander Lebewohl.

In unserer schnelllebigen Zeit, in der Jobnomaden Städte und Länder wechseln wie die Unterhemden und Ehen nur noch eine begrenzte Haltbarkeit haben, sollten wir eigentlich Trennungen und Abschiede gewohnt sein. Aber so ist es nicht. Jede Trennung ist ein überaus schmerzhafter Verlust. Schließlich verabschiedet man sich nicht nur von einem Menschen, mit dem man die intimsten Geheimnisse geteilt hat, sondern auch von Lebensträumen und -zielen, von Zukunftsplänen und einem Stück gemeinsamer Vergangenheit.

Das wahre Trennungsdrama spielt sich deshalb in der Seele ab. Hier wütet der Schmerz am heftigsten, hier, tief im Innern, sitzt die Angst vor der Leere, die einen jetzt erwartet. Psychologen wissen, dass die Phase nach Trennung und Scheidung in verschiedenen Abschnitten verläuft. Sie beginnt üblicherweise mit einer Art Verleugnung der Trennung. Man denkt: Das kann alles nicht wahr sein. Wir waren doch glücklich miteinander, wie kann es denn jetzt einfach vorbei sein? Man hofft, der andere werde nur ein bisschen Zeit brauchen und dann reumütig zu einem zurückkehren, man fleht ihn an, es sich noch einmal zu überlegen, der Partnerschaft noch eine Chance zu geben. Und muss schließlich doch einsehen, dass die Trennung endgültig, die Ehe gescheitert ist.

Manchmal dauert diese Phase nur ein paar Tage, manchmal Wochen oder sogar Monate. Je nachdem wie überraschend die Trennung kam, ist der Schock über das Ende der Liebe größer oder weniger groß. Wer verlassen wird, ist logischerweise härter vom Trennungsschock betroffen als derjenige, der geht. Letzterer hat immerhin einen ganz entscheidenden Informationsvorsprung. Meist gingen ihm vor der entscheidenden Aussprache schon wochenlang Gedanken über den endgültigen Bruch durch den Kopf, wohingegen für den anderen die Welt völlig unerwartet zusammenstürzt.

Der eine oder andere flüchtet sich in dieser ersten Phase in unverbindliche One-Night-Stands oder in die Arme von König Alkohol. Beides bringt einen nicht wirklich weiter.

Der nächste Schritt nach einer Trennung besteht in der Regel darin, dass einer von beiden Verhandlungen über einen Neubeginn anbietet und dabei hoch und heilig verspricht, alles zu ändern, was den anderen gestört hat. »Ich habe zu viel gearbeitet? Okay, ab sofort trete ich kürzer.« »Ich habe dir nie wirklich zugehört? Ich verspreche, ich werde mich ändern, lass uns jetzt gleich miteinander reden.«

In der Hoffnung, die Trennung doch noch abwenden zu können, macht man jedes erdenkliche Friedensangebot und verspricht Dinge, die hinterher ohnehin meist nicht gehalten werden können. Doch in dieser Situation zählt eben nur eines: die Versöhnung.

In der Regel ist es jedoch genau dafür schon zu spät. Der Partner will die Beziehung beenden und nicht mit Zugeständnissen, an die er gar nicht glauben kann, verlängern. Es geht ihm um seine Freiheit und nicht um eine neue Basis für die Partnerschaft. Selbst wenn noch Gefühle füreinander da sind – ist die Trennung erst beschlossene Sache, kommt ein Neuanfang nicht in Betracht.

Spätestens jetzt brechen die Gespräche ab. Und während der eine seine neu gewonnene Freiheit nutzt, sieht sich der, der verlassen wird, mit einem ungewohnten Gefühl konfrontiert: der Wut. Denn erst jetzt setzen all die negativen Emotionen ein, die von nun an eine ganze Weile die Erinnerung und die Gedanken an den Expartner bestimmen werden. Zorn, Aggression, Hass – alles kommt zusammen. In der Phantasie (und hoffentlich nur dort) wird der andere mit den übelsten Schimpfwörtern belegt, viele tüfteln Rachepläne aus, stellen sich vor, wie sie dem Expartner schaden können.

Psychologisch gesehen ist die Wut der Motor, der dem Leben wieder Schwung gibt. Man verharrt nicht länger in der Passivität, sondern wird selbst aktiv. Insofern sind Rachepläne – zumindest in Gedanken – durchaus erlaubt, in der Realität aber natürlich fehl am Platz. Selbst wenn es einem geschundenen Ego kurzfristig guttun mag, fiese Vergeltungsmaßnahmen verhärten die Fronten, und lassen einen selbst auch nicht im besten Licht erscheinen.

Wut ist sozusagen der gerade Weg aus der Abhängigkeit. Langsam beginnen die Partner, sich voneinander zu lösen. Man spricht nicht mehr von Liebe, sondern ist stinksauer aufeinander, sieht nur noch, was einem der andere angetan hat. Dieser Vulkanausbruch setzt zwar eine Menge Energie frei, seine Wirkung hält allerdings nicht lange an. Die Stimmung, eben noch angefacht von wütender Aktivität, schlägt um in Trauer und Depression.

An diesem Punkt versinken viele in völliger Verzweiflung, wissen nicht, wie sie ihr Leben wieder in den Griff bekommen sollen. Lustlosigkeit macht sich breit, ein Gefühl der Sinnlosigkeit. Die Zukunft sah nie schwärzer aus, man ist unten auf der Talsohle angelangt. Das ist die schlimmste und schmerzhafteste Phase nach der Trennung, zumal auch Freunde des ständigen Tröstens müde und längst wieder zum normalen Tagesgeschehen übergegangen sind. Der wütende Aktionismus ist völlig verpufft, Trübsinn liegt wie ein dämpfender Nebelschleier über dem Leben.

Das Gute an dieser Phase: Danach geht es nur noch aufwärts. In dem Moment, in dem die Trennung mit all ihren Konsequenzen akzeptiert wird, ist die Talsohle durchschritten, die depressive Stimmung vertrieben. Man findet sich damit ab, dass der Partner verloren und die Liebe an einem Endpunkt angelangt ist. Es gibt kein Zurück, das ist spätestens jetzt beiden klar. Nun beginnt der eigentliche Ablösungsprozess vom Partner, man schaut nicht mehr zurück, sondern nach vorn. Viele fragen sich, ob und wenn ja, warum man den anderen eigentlich geliebt hat? Jetzt, wo er endlich seine Maske fallen gelassen hat, treten seine Charakterfehler offen zutage. Und plötzlich ist auch die Blindheit, mit der man bisher für die Schwächen des anderen geschlagen war, vorbei. Der Blick wird geschärft für die Macken und Marotten, die man viel zu lange akzeptiert und entschuldigt hat.

Das ist der Startschuss für die letzte Phase nach der Trennung. Jetzt endlich ist der Kopf wieder frei für ein neues Leben und für eine neue Liebe auch für denjenigen, der verlassen wurde. Die Trauer ist verarbeitet, der Expartner beziehungsweise die Exfrau ist nur noch ein Stück Vergangenheit. Es können zwar Jahre vergehen, bis die Trennung nicht nur auf dem Papier, sondern auch psychisch hinter einem liegt. Aber sobald diese oben beschriebene Phase erreicht ist, darf aufgeatmet werden: Man ist wieder frei.

Empirische Studien belegen, dass etwa die Hälfte aller geschiedenen Frauen und Männer nach rund zwei bis drei Jahren keinen Kontakt mehr zum Expartner hat und diesen auch nicht wünscht. Rund 30 Prozent reden häufig miteinander, vor allem über die Erziehung der Kinder, im Lauf der Zeit nimmt diese Zahl jedoch stark ab. Generell haben auch geschiedene Väter mehr Kontakt zu ihren Exfrauen als Männer ohne Kinder.

Die Forschung unterscheidet sechs Arten von Beziehungen zwischen gebrauchten Prinzen und ihren ehemaligen Partnerinnen.

- Es gibt gar keinen Kontakt zwischen den Expartnern. Wenn Kinder im Spiel sind, kümmert sich lediglich derjenige, der auch das Sorgerecht hat, um die Erziehung.
- Zwischen dem gebrauchten Prinzen und seiner Exfrau be-

steht offene Feindschaft, die sich in Machtkämpfen, Streitereien und bitteren Vorwürfen entlädt. Beide schalten so oft wie möglich ihre Anwälte oder das Gericht ein. Die Kinder werden zwischen den Fronten zerrieben, häufig als Bündnispartner benutzt oder als Spion missbraucht.

- Die geschiedenen Partner können sich zwar nicht ausstehen, versuchen aber, ihre negativen Gefühle, ihre Wut und Enttäuschung vor den Kindern geheim zu halten. Deshalb wird der Kontakt auf ein Minimum beschränkt, eine grobe Abstimmung über die Erziehung ist aber möglich.
- Der gebrauchte Prinz hängt noch an seiner Exfrau, beide haben sich nicht wirklich voneinander gelöst. Sie sprechen viel und intensiv miteinander, sie gehen essen, betreiben gemeinsame Freizeitaktivitäten und beziehen auch die Kinder mit ein.
- Beide Expartner sind in der Lage, rational mit den Themen Trennung und Scheidung umzugehen. Sie teilen sich die Verantwortung für die Kinder. Auf der Gefühlsebene ist alles gesagt, beide können sachlich diskutieren. Es gibt weder nennenswerten Streit noch größere Konflikte.
- Die beiden sind Freunde geworden, erziehen die Kinder gemeinsam, verbringen viel Zeit mit ihnen und logischerweise auch miteinander. Das einstige Netzwerk aus Freunden und Verwandten besteht fort, ebenso der enge Kontakt zu den ehemaligen Schwiegereltern.

Egal, ob zwischen den ehemaligen Partnern positive oder negative Gefühle bestehen, ob es zu einer Freundschaft kommt oder beide in bitterster Feindschaft verharren – die Exfrau wirft einen langen Schatten, der in die neue Partnerschaft hineinreicht.

Und selbst wenn sie nicht Rebecca heißt und ihrer Nachfolgerin Albträume beschert, so ist doch die Exfrau immer eine unbekannte Größe, wenn man sich in einen Mann mit Vergangenheit verliebt. Wie war sie? Wie hat er die Zeit mit ihr erlebt? Denkt er noch an sie? Schaut er sich alte Fotos an? Hat er sehr gelitten, als sie ihn verlassen hat? Würde er sie zurücknehmen? Bin ich nur ein Ersatz?

Man kann diese Liste beliebig verlängern, sie wird einen nicht ans Ziel führen. Im Gegenteil. Der Schatten der Ex wird immer länger. Denn viele der Fragen, die eine neue Partnerin quälen, haben ja nichts mit Auseinandersetzung auf sachlicher Ebene zu tun, sondern mit rein emotionalen Konflikten. Abgesehen davon gibt es für die meisten Ängste keinen Anlass.

Tatsache ist, dass nur die wenigsten gebrauchten Prinzen überhaupt keinen Kontakt zu ihrer Exfrau haben. Am ehesten ist das der Fall, wenn das Paar keine gemeinsamen Kinder hat und die Scheidung schon eine Reihe von Jahren zurückliegt. Haben beide Ex-Eheleute einen neuen festen Partner gefunden, ist die Wahrscheinlichkeit ebenfalls groß, dass man sich nichts mehr zu sagen hat und die Kontakte, die früher vielleicht noch bestanden haben, vollends einschlafen.

Ein großer Teil der geschiedenen Väter sollte aber schon wegen der Kinder einen guten Draht zur Exfrau halten. Er kann es sich im Prinzip nicht leisten, alle Bindungen zu kappen. Die Schule oder der Kindergarten, die Gesundheit der Kinder, Fortschritte beim Sport oder anderen Freizeitaktivitäten, Lernschwierigkeiten oder Förderung von Talenten – all dies müssen die Eltern besprechen, schon deshalb ist die Exfrau häufig zumindest telefonisch präsent.

Wer sich auf eine Beziehung mit einem gebrauchten Prinzen einlässt, kommt also um das Thema Exfrau nicht herum, die Frage ist allerdings, welchen Stellenwert die frühere Beziehung einnimmt. Und wie der neue Partner (eventuell auch die beiden neuen Partner) damit umgehen. Gefahr lauert zum Beispiel überall dort, wo Offenheit und Ehrlichkeit fehlen. Jede Frau wird misstrauisch, wenn sie das Gefühl hat, ihr Partner habe Geheimnisse vor ihr, die Exfrau aber sei eingeweiht. Oder wenn sie den Verdacht haben muss, dass ihr gebrauchter Prinz seiner Ex mehr Gefühle entgegenbringt als ihr lieb ist.

Genau dies ist der Kummer von Daphne du Mauriers namenloser Heldin in ihrem Welterfolg *Rebecca.* Die zweite – und ziemlich unscheinbare – Frau des englischen Landadeligen Maxim de Winter wird unablässig mit der sagenhaften Schönheit der ersten konfrontiert. Alle haben Rebecca offensichtlich bewundert und geliebt, und alle trauern dieser Frau, die auf tragische Weise tödlich verunglückt ist, nach. Automatisch nimmt die neue Partnerin dieses ebenso attraktiven wie charismatischen gebrauchten Prinzen an, dass auch er Rebecca noch liebt. Wie wir alle wissen, ist das ein riesiger und letztlich fataler Irrtum, der eine verhängnisvolle Entwicklung in Gang setzt.

Hätte eine Frau mit mehr Selbstbewusstsein dem Gefühlsstrudel, in den Rebeccas Nachfolgerin gerät, besser standgehalten? War sie einfach nur zu schwach?

Schaut man sich die Geschichte genauer an, entdeckt man schnell, wer die größten Fehler macht: Maxim de Winter. Dieser im wahrsten Sinne des Wortes gebrauchte Prinz schürt durch sein Verhalten, vor allem aber durch sein Schweigen, die Ängste und Unsicherheit seiner neuen Partnerin. Er ist es, der ihren Irrtum überhaupt möglich macht und ihn erst aus der Welt schafft, als er glaubt, die Liebe seiner Frau verloren zu haben. Den beiden wäre viel erspart geblieben, hätte er früher den Mut gehabt, Position zu beziehen.

Es ist daher ungeheuer wichtig, klare Verhältnisse zu schaffen. Ein gebrauchter Prinz muss sich die Frage gefallen lassen, ob er mit seiner Vergangenheit wirklich abgeschlossen hat. Sind alle Verletzungen geheilt, alle Tränen getrocknet, ist alle Wut verraucht? Hat er die Trauer über die Trennung überwunden oder schleppt er sie weiter im Gepäck mit sich herum? Hat sich anstelle von Verbitterung Gelassenheit breitgemacht? Oder werden immer noch Vergehen und Versäumnisse gegeneinander aufgerechnet?

Jede neue Liebe hat das Recht, Auskunft zu verlangen. Damit sie sich ein Bild vom Vorleben ihres Partners machen und sein Verhältnis zur Exfrau besser einordnen kann. Das ist jedoch kein Freibrief, die Seele des gebrauchten Prinzen bis in die letzte Ecke auszuleuchten. Es gibt Dinge, die gehen auch eine neue Liebe nichts an. Intime Details von früher zum Beispiel, sinnlose Vergleiche, wen er mehr geliebt hat oder wer wann wo besser war. Jede Liebe hat und braucht auch Geheimnisse und, ehrlich gesagt, wer will schon einen gläsernen Partner?

Diskretion ist immer dann angebracht, wenn es um Dinge geht, die die Intim- und Privatsphäre der Exfrau berühren, Offenheit da, wo die Lebensgeschichte des Partners im Vordergrund steht. Ein gebrauchter Prinz, der im Palast seiner Gefühle eine Menge verschlossene Türen und verbotene Kammern beherbergt, ist vermutlich nicht der ideale Partner für eine neue Ehe. Vertrautheit bedingt Vertrauen, und dieses ist nun mal Basis der Liebe.

Geheimnisse haben außerdem den fatalen Hang, Spekulationen zu fördern. Maxim de Winters zweite Frau zum Beispiel macht nichts anderes als das: Sie entdeckt, dass Rebecca ihren Mann Max nannte. Eine an sich völlig harmlose Information. Aber da alles, was mit Rebecca zu tun hat, voller Geheimnisse steckt, beginnt sie sofort zu spekulieren und macht eine einfache Abkürzung zu einem liebevollen Kosenamen, den sie – natürlich – nicht benutzen darf: »Sie nannte ihn Max … Und ich musste ihn Maxim nennen.«

Gerade in Bezug auf die Exfrau ist die Balance zwischen Nähe und Distanz, zwischen Offen- und Verschlossenheit nicht einfach zu finden. Der eine ist bereit, über die Vergangenheit zu sprechen, will sogar möglichst viel und umfassend erzählen, während der andere dichthält wie eine Auster und nur auf drängende Nachfragen Auskunft gibt. Es gibt kein Patentrezept für Quantität und Qualität der Vergangenheitsbewältigung, jedes Paar muss seinen eigenen, individuellen Weg finden. Die neue Partnerin aber bewusst im Unklaren über die wahren Gefühle zur Exfrau zu lassen, ist in höchstem Maße unfair und wird früher oder später zu Missverständnissen, vielleicht sogar zum Scheitern der Liebe führen.

Den akzeptablen Rahmen für das Verhältnis zur Exfrau können nur beide Partner stecken, denn die neue Partnerin allein wird mit den typischen Liebeskillern nicht fertig werden.

Was tun, wenn die Exfrau dauernd anruft und sozusagen ständige Betreuung braucht? Stellt sich in so einem Fall ein

Secondhand-Mann nicht eindeutig auf die Seite seiner neuen Partnerin, hat die Liebe schlechte Karten. Dennoch verhalten sich viele Männer gerade hier seltsam indifferent. Warum sie das tun, ist meist nur schwer zu durchschauen. Möglicherweise haben sie ein schlechtes Gewissen gegenüber ihrer früheren Partnerin – weil sie es waren, die die Scheidung wollten, weil sie eine Geliebte hatten, weil sie sich während der gesamten Ehezeit wie ein väterlicher Beschützer gefühlt haben und diese Rolle nach der Trennung nicht aufgeben können … Die Gründe für dieses Verhalten können so zahlreich wie vielschichtig sein.

Vielleicht bestehen aber auch noch Bindungen, über die er sich vorher nicht klar war oder die er nicht zugeben will. Die Seele lässt sich eben nicht so einfach kontrollieren, und Gefühlen kann man bekanntlich nichts befehlen. Mitleid ist zum Beispiel eine der Empfindungen, die das Verhältnis zum Expartner häufig mitbestimmen. Typische Sätze: »Nun sei doch nicht so. Sie ist ja ganz allein.« Oder: »Du hast alles, und sie hat nichts.« Diese Äußerungen sind nichts anderes als verbalisierte Schuldgefühle. Und selbst, wenn es die Exfrau war, die die Scheidung eingereicht hat, neigen manche Männer dazu, sie noch lange nach der Trennung wie ein unmündiges Kind zu behandeln. Eine Rolle, die Exfrauen manchmal bis zur Perfektion verfeinert haben. Sie sind (angeblich) nicht in der Lage, eine Glühbirne auszuwechseln, scheitern an der Online-Überweisung, können den DVD-Player nicht zum Laufen bringen und den Ölstand im Auto nicht überprüfen. In Wirklichkeit aber, doch das erkennen nur die unbestechlichen Augen einer Frau, sind sie selbstverständlich taff genug, alle diese Dinge in null Komma nichts zu lernen. Aber warum sollten sie sich die Mühe machen, wenn sie jemanden haben, der ihnen diese, oft ungeliebten, Dinge abnimmt?

Für eine neue Partnerin ist dies ein nicht akzeptabler Zustand. Bleibt die Frage, wie man Veränderung herbeiführt.

Oberster Grundsatz von Anfang an: klare Regeln. Neigt ein gebrauchter Prinz zu Schuldgefühl und Mitleid in Sachen Exfrau, braucht er ein Navigationssystem, das ihm hilft.

Zum Beispiel: keine überstürzten Hilfsaktionen, bloß weil die Ex einen lächerlichen Notruf schickt. Wer ernsthaft Hilfe braucht, wird selbstverständlich nicht allein gelassen, aber auf alle unreifen Ich-kann-das-nicht-Seufzer wird nicht mehr eingestiegen. Abblocken und Argumentieren heißt die Devise. Dasselbe gilt für Erpressungsversuche mittels Tränen und gut gespielter Verzweiflung. Eine Trennung oder Scheidung bringt es nun mal mit sich, dass beide Partner getrennte Wege gehen. Nicht Sinn der Sache ist es folglich, den anderen immer wieder wie an einem Gummiband zu sich zurückzuziehen. Versucht es die Exfrau trotzdem, sollte ein gebrauchter Prinz Manns genug sein, sich dagegen höflich, aber konsequent zur Wehr zu setzen.

Kompliziert wird es allerdings, wenn ein Secondhand-Mann von seiner Exfrau eine Art Absolution erwartet. Nach dem Motto: Ich habe dich zwar verlassen und auch ziemlich mies behandelt, dafür helfe ich dir jetzt, wo ich kann, wenn du mir nicht mehr böse bist. Das mag psychologisch gesehen irgendwo verständlich sein, aber erstens sehen die meisten Frauen ihre Beziehung nicht unter therapeutischen Gesichtspunkten und zweitens wünscht man sich keine Liebe zu einem Mann, dessen psychische Beweggründe zumindest in dieser Hinsicht fragwürdig sind. Absolution erteilt der Priester nach der Beichte, aber nicht die Exfrau nach der Trennung. Ein gebrauchter Prinz, der diesen Unterschied nicht sieht, dürfte nicht unbedingt der Mann fürs Leben sein.

Und da wir gerade bei psychologisch nicht ganz astreinen Motiven sind: Der ein oder andere Mann neigt zu einem – nennen wir es – Beziehungs-Masochismus, der ihn immer wieder zu Begegnungen mit der Exfrau treibt. Egal, ob er verlassen wurde oder selbst die Ehe beendet hat, er suhlt sich in schmerzhaften Gefühlen, ruft sich die guten Zeiten wieder ins Gedächtnis, um ihren Verlust umso heftiger zu beklagen. Er sucht den Kontakt zu seiner verlorenen Liebe, will sich gleichzeitig aber jedes Mal von neuem trennen. Dieses Wechselbad der Gefühle hält natürlich keine neue Liebe aus, und der Beziehungs-Masochist kommt immer wieder zum Ausgangspunkt zurück. So sehr er sich auch bemüht, die nächste Trennung ist unvermeidlich.

Natürlich sind besonders nach einer langjährigen Ehe Bindungen da, die keine Scheidung auflösen kann. Trennung bedeutet schließlich nicht, dass die Vergangenheit vollkommen ausgelöscht wird. In den Gefühlswelten der beiden Expartner lebt sie selbstverständlich weiter. So muss sich jede neue Liebe eines gebrauchten Prinzen darüber im Klaren sein, dass der Abnabelungsprozess nicht immer reibungslos läuft. Wichtige Basis jeder Zweitehe ist daher die Achtung vor seinen Gefühlen.

Das Zusammenleben mit einem gebrauchten Prinzen gelingt logischerweise am besten, wenn die Expartner größtmögliche Unabhängigkeit voneinander erreicht haben. Das ist dann der Fall, wenn sie sich auf Augenhöhe begegnen und auf der sogenannten Sachebene treffen können, wenn sie in der Lage sind, rationale Entscheidungen über die Erziehung der Kinder, Ferienaufenthalte oder größere Anschaffungen, die die Finanzen des Unterhaltspflichtigen belasten, zu treffen.

Unabhängigkeit bedeutet, sich gefühlsmäßig vom Expartner zu lösen, ohne die guten Zeiten, die man miteinander verbracht hat, zu verdrängen. Das Hochzeitsbild steht zwar nicht mehr auf der Kommode, ist aber auch nicht zerrissen in den Müll gewandert. Souvenirs von gemeinsamen früheren Urlauben müssen nicht im Regal bleiben, aber auch nicht verteufelt werden.

Ideal für alle Beteiligten ist es, wenn es zu einer ehrlichen Versöhnung kommt. Doch hierfür gibt es zwingende Voraussetzungen: Man muss dem Expartner verzeihen und Dankbarkeit für frühere gute Zeiten zulassen können. Dabei geht es nicht ums Vergessen. Das, was passiert ist, lässt sich nicht ungeschehen machen, aber wer es schafft, dem anderen zu sagen: »Ich habe dir verziehen«, macht einen großen Schritt auf dem Weg zur Ablösung vom Expartner.

Für einen Großteil der Geschiedenen ist dies jedoch zu viel verlangt. Die Wunden, die die Trennung ins Ego geschlagen hat, waren zu tief, die Verletzungen zu schmerzhaft, um dem anderen vergeben zu können. Und obwohl es für den eigenen Seelenfrieden besser ist, den Groll zu begraben, sind viele dazu nicht bereit. Deshalb gilt: Je fieser die Trennung, desto unwahrscheinlicher Versöhnung und erst recht spätere Freundschaft.

Die meisten sind froh, wenn sich irgendwann eine Art Gleichgültigkeit ihrem früheren Partner gegenüber einstellt, und wenn der Adrenalinspiegel nicht jedes Mal in astronomische Höhen ansteigt, wenn sich die Exfrau am Telefon meldet. Oft dauert es Jahre, bis man gelassen an den anderen denken kann und nicht sofort wieder an Gemeinheiten, Vorwürfe, Streit erinnert wird. Doch irgendwann kommt der Zeitpunkt, an dem die Verbitterung nachlässt, die Wut verraucht, die Wunden heilen – und man sich neu verliebt.

Mit wachsender Gelassenheit sinkt auch der Rebecca-Faktor. Der Schatten der Exfrau wird kürzer und kürzer, bis er gar nicht mehr zu erkennen ist. Spätestens jetzt ist ein gebrauchter Prinz mit seiner neuen Liebe am Ziel: Er hat die alten Kapitel seines Lebens abgeschlossen und schlägt neugierig und voller Optimismus ein neues auf.

II. Missverständnisse über Männer

Überall gibt es einen Mr. Right

Zu den unerklärlichen Phänomenen unserer modernen Gesellschaft gehört es, dass kluge, gut ausgebildete, liebenswerte Frauen zwischen 30 und 40 Jahren sich schwertun, einen Mann zu finden, mit dem sie glücklich sind und eine gemeinsame Zukunft aufbauen können. Dabei ist es nicht etwa so, dass es sich bei diesen Frauen um schüchterne Mauerblümchen handelt, die lieber zu Hause sitzen als auszugehen.

Das Gegenteil ist der Fall. Diese Frauen sind meist attraktiv, haben viele Freunde, einen interessanten und oft gut bezahlten Job. Man trifft sich auf After-Work-Partys, in der Cocktailbar, im Beach-Club, im Fitness-Studio, beim Salsa-Tanzen oder fährt im Urlaub dahin, wo das Leben tobt.

Trotzdem führen diese Frauen ein Leben als Single, woran auch die wechselnden Lebensabschnittsgefährten nichts ändern. Allen gelegentlichen Verliebtheiten und kurzen Beziehungen zum Trotz bleiben sie letztlich allein. Nach einer Studie der Online-Singlebörse Parship wünscht sich knapp die Hälfte der Singles eine feste Partnerschaft, nur 14 Prozent sind überzeugte Singles und wollen es auch bleiben. Der Rest sucht nach Mr. beziehungsweise nach Mrs. Right.

Dass sie ihn oder sie nicht finden, hat weniger mit fehlendem Angebot zu tun als vielmehr mit der Angewohnheit, die Liebe nach den Regeln der Spaßgesellschaft zu beurteilen und sie den Gesetzen oberflächlicher Vergnügungen zu unterwerfen. Man wünscht sich filmreifen Sex, unbelastete Freizeit und zuckt zurück, wenn die Bedingungen nicht so sind, wie man es sich erträumt hat.

Laut Parship leben in Deutschland rund 2,7 Millionen Singles zwischen 31 und 40 Jahren, etwa die Hälfte davon sind Frauen. Taffe Frauen, Erfolgsfrauen, Mütter, Frauen, die sich nach einer ernsthaften, vielleicht sogar lebenslangen Partnerschaft sehnen.

Warum finden sie dann nicht den Richtigen?

Vielleicht weil viele Männer vor lauter Spaß vergessen, dass zur Liebe auch die Krise gehört. Glück in der Partnerschaft will erarbeitet sein und wird einem nicht einfach so geschenkt. Wer beim kleinsten Problem alles hinschmeißt, in der kurzsichtigen Annahme, auch diese Beziehung sei eben doch nicht so ideal, wie man geglaubt hat, wird der großen Liebe immer hinterherlaufen. Umgekehrt gilt das aber natürlich auch für uns Frauen: Jeder Mann kann Mr. Right sein – selbst ein gebrauchter Prinz.

Allerdings ist beim Secondhand-Mann gerade aufgrund seiner Vergangenheit öfter mit Krisen zu rechnen, und das widerspricht ganz eindeutig den Wünschen der zunehmenden Single-Gesellschaft, in der man zwar gerne chillen geht, aber kein Interesse an Beziehungsdramen hat. Eine Partnerschaft soll bitteschön so glatt und gelackt sein wie der neueste Roadster. Kratzer unerwünscht.

Eine überdenkenswerte Einstellung, denn Kratzer, Ecken und Kanten, Dramen und Katastrophen sind das Salz in der Beziehungssuppe und machen die Liebe erst stark. Jedenfalls dann, wenn die Voraussetzungen stimmen.

Männer können sich ändern

Da wir ja an dieser Stelle über Missverständnisse sprechen, können wir gleich mit einem ganz besonders beliebten aufräumen. Können wir den Mann, den wir lieben, ändern oder kann er das nur selbst tun? Oder – Alternative Nummer drei – geht weder das eine noch das andere?

Mit den Änderungswünschen an den Partner ist das so eine Sache. Zu Beginn einer Liebesbeziehung fällt einem meist gar nicht auf, dass es da noch ein paar Eigenschaften und Eigenarten gibt, die man nicht so gerne mag. Und selbst wenn man sie bemerkt, wird man sie in diesem Stadium nicht weiter ernst nehmen. Gerne hält man sie klein und spielt sie nach dem Motto »So schlimm ist das nun auch wieder nicht« herunter oder man setzt auf den Faktor Zeit (»Das wird sich schon geben.«). In allen Fällen wird man früher oder später die Erfahrung machen, dass sich nichts geändert hat – weder das Verhalten des Partners noch die eigene Einstellung. Also wächst der Wunsch, die Sache mit mehr Nachdruck anzugehen.

In der Regel geschieht das folgendermaßen: Sobald man sich ärgert – nehmen wir an, über die Extravaganzen der Exfrau und den nachsichtigen Umgang damit von Seiten Ihres gebrauchten Prinzen –, spult man die üblichen Vorwürfe ab: »Musst du sie immer mit Samthandschuhen anfassen?«, »Kannst du nicht mal Stellung beziehen?«, »Nun sag ihr endlich, dass es so nicht geht«.

Das Wortrepertoire, das eine Grundsatzdiskussion zum Thema Änderungswünsche einleitet, ähnelt sich in den unterschiedlichsten Partnerschaften auf verblüffende Art: *»Kannst du nicht …?«, »… du musst jetzt mal …«, »endlich, immer, nie …«.*

Motor des Ganzen ist das Gefühl, dass einem die große Liebe entgleitet und allmählich zu einer großen Belastung mutiert, weil bestimmte Verhaltensweisen ein Weiterleben an seiner Seite unerträglich machen.

In der Regel sind diese *seine* Verhaltensweisen, wie oben bereits beschrieben, ja nicht neu – im Gegenteil, man kennt sie längst, aber urplötzlich hat man sie satt. Kann nicht mehr sehen, wie er jedes Mal einknickt, statt seiner Exfrau die Meinung zu sagen. Hat keine Lust mehr auf sein Gejammer über die Unterhaltszahlungen. Ist genervt beim bloßen Gedanken an einen Sonntag bei seinen Eltern, weil er wieder schweigen wird, wenn seine Mutter die Vorzüge seiner ersten Frau preist.

Man fragt sich: War ich blind und taub, dass mir all diese Dinge bisher entgangen sind? Warum, zum Teufel, habe ich nicht gleich etwas gesagt, nicht gleich verlangt, dass er sich ändert?

Ja, warum eigentlich nicht? Dafür gibt es zwei Gründe. Viele Frauen machen den Fehler, dass sie Eigenschaften oder Verhaltensweisen viel zu lange tolerieren, selbst wenn sie sich dabei nicht wohl fühlen. Sie ahnen, dass dieser oder jener Charakterzug noch Anlass zu Diskussionen geben wird, halten sich aber um des lieben Friedens willen zurück. Später machen sie dann die ernüchternde Erfahrung, dass der Frieden nun erst recht gefährdet ist. Denn die Toleranzgrenze ist irgendwann überschritten. Manche Frauen (bei Männern ist dieses Phänomen seltener, aber es kommt auch vor) reißen sich jahrelang zusammen, um dann einem Vulkan gleich auszubrechen und die Beziehung mit einem Schwall von Vorwürfen wie kochendheiße Lava niederzuwalzen. Ihr Schweigen war kein Ausdruck von Gelassenheit, sondern von Mutlosigkeit, dem Partner gegenüber Stellung zu beziehen.

Der zweite Grund ist wesentlich komplexer. Er hat mit dem psychologischen Phänomen zu tun, dass Charakterzüge und Eigenschaften, die man am anderen geliebt und geschätzt hat, sich ins Gegenteil verkehren können. Die liebevolle Haltung seiner Mutter gegenüber fand man am Anfang rührend – jetzt geht sie einem auf die Nerven. Dass er für seine Exfrau immer wieder Verständnis aufbringt, sprach zunächst nicht gegen ihn – jetzt droht ausgerechnet dieser Punkt die Beziehung zu killen. Seine Niedergeschlagenheit über die horrenden Unterhaltszahlungen war mehr als einmal Anlass zu Mitgefühl, inzwischen hält man sich innerlich die Ohren zu.

Das Problem ist, dass man sich meist gerade *wegen* seiner Ritterlichkeit oder seiner Fähigkeit Verzweiflung zu zeigen, in ihn verliebt hat. Denn so ist es oft. Man sucht ein Stück weit die Seiten an seinem Partner, die einem selbst fehlen. Ist man selbst also beispielsweise ungeduldig und aufbrausend, wird man seine überlegte Zurückhaltung bewundern. Ist das Verhältnis zu den eigenen Eltern eher konfliktbeladen, achtet man umso mehr sein Talent für Familienharmonie.

Doch was am Anfang einer Liebe besonders spannend schien, kann hinterher Anlass für Spannungen sein. Was einen erst anzog, stößt einen jetzt ab. Die Beziehung schlittert in die Krise, Vorwürfe häufen sich, das Klima wird rauher, da sich das Verhalten des Partners ja nicht ändert. Nach einer Weile sind die

Fronten verhärtet: Er fühlt sich ungerecht behandelt, sie kann das alles nicht mehr aushalten.

Wer jetzt nicht aufpasst, steht bald vor den Trümmern seiner Partnerschaft. Denn die Spirale aus Vorwürfen, Gegenargumenten, Angriff und Rückzug dreht sich immer schneller. Und ehe man sich versieht, ist aus der Krise eine Katastrophe geworden. Denn je mehr einer darauf drängt, dass der andere sich ändert, desto trotziger wird der auf seinen Eigenarten bestehen. Was also kann man tun?

Der entscheidende Schritt besteht darin, sich bewusst zu machen, dass niemand einen anderen Menschen verändert, indem er ihn auffordert, sich zu ändern. Dieser Versuch muss scheitern, denn warum sollte jemand sein Verhalten ernsthaft überdenken, bloß weil der Partner schlecht gelaunt an einem herumnörgelt. Außerdem ist der gebrauchte Prinz doch möglicherweise jahrelang gut gefahren damit. Sein Verhalten wurde klaglos akzeptiert.

So verständlich der Wunsch nach Veränderung manchmal auch ist – eingelöst werden kann er nur vom Betreffenden selbst. Wer sich nicht ändern will, wird sich auch gegen jede Aufforderung des Partners, dieses zu tun, sperren. Wie ein störrischer Esel, der sich weigert, auch nur einen einzigen Schritt vorwärts zu gehen, blockieren letztlich beide die Weiterentwicklung in der Partnerschaft. Und gefährden ihre Liebes als Ganzes.

Damit ein Mann (oder auch eine Frau) bereit ist, den Wünschen nach Veränderung nachzukommen bzw. entgegenzukommen, ist es wichtig, nicht seinen Charakter, seine gesamte

Persönlichkeit abzuwerten, sondern zu signalisieren, dass man ihn liebt und respektiert und nur bestimmte Verhaltensweisen nicht akzeptieren kann. Das mindert die Trotzreaktionen und erhöht die Bereitschaft, sich die Kritik des Partners wenigstens anzuhören.

Selbst wenn man sich ändern will, ist es meist nicht einfach, dies auch umzusetzen. Die vielen Facetten einer Persönlichkeit sind geprägt von Erziehung, Rollenverhalten, Gewohnheiten, kulturellen und gesellschaftlichen Einflüssen, Erfahrungen und Ansichten. Manche Eigenarten sind so fest verankert, dass man sie nicht von heute auf morgen ablegen kann. Unwillkürlich rutscht man immer wieder in alte Muster und Strukturen und erregt so ständig aufs Neue den Unmut des Partners.

Geduld und Verständnis für die Lage des anderen sind daher unverzichtbar, wenn es darum geht, eingeübte Verhaltensweisen zu überprüfen und abzulegen. Selbst wenn es der andere nicht schafft, sich zu ändern, verdient schon der Versuch eine Menge Achtung und Respekt.

Ein gebrauchter Prinz, der jedem Streit mit der Exfrau aus dem Weg geht und deshalb Streit mit seiner neuen Liebe bekommt, wird nicht auf einmal zum aufrechten Kämpfer, weil seine Partnerin es von ihm fordert. Möglicherweise hat er auch seine Gründe, warum er einer Konfrontation aus dem Weg geht, und es wäre höchst unklug, ihn davon abzubringen. Deshalb sollte man sich, *bevor* man einen Wunsch nach Veränderung äußert, selbstkritisch fragen: Kann es sein, dass ich ihn für etwas verantwortlich mache, das ich selber ändern könnte? Schiebe ich ihm nur den Schwarzen Peter zu, weil mir etwas nicht passt? Und fehlt mir vielleicht selbst der Mut, etwas zu ändern?

Die Bereitschaft, ebenfalls Verantwortung zu übernehmen, ist eine große Entlastung für den anderen und ein Zeichen von Zuneigung.

So steht er nicht mehr allein im Fokus der Kritik, sondern beide Partner sind jetzt bereit, über Dinge, die den jeweils anderen stören, zu verhandeln. Das erhöht die Erfolgsaussichten ungemein und stärkt die Partnerschaft, selbst wenn sich herausstellt, dass keiner es schafft, sich zu verändern.

Bevor man ihm also seine Nachgiebigkeit der Exfrau gegenüber vorwirft, müssten also folgende Fragen gestellt werden: Warum ärgert mich das so? Weil ich einen Macho bestellt und einen Softie bekommen habe? Zerstört es das Bild, das ich von meinem Partner bislang hatte? Oder kann ich es nicht aushalten, dass er nett zu seiner Exfrau ist? Wünsche ich mir in Wirklichkeit einen Dauerclinch zwischen den beiden?

Es erfordert schon eine gewisse Selbsterkenntnis, die Fragen ehrlich zu beantworten. Aber wem das gelingt, der sieht wesentlich klarer und erkennt, dass sich der andere gar nicht ändern muss. Sondern nur der eigene Blickwinkel.

Aus Liebe tun Männer alles

Gunter Sachs ließ für Brigitte Bardot rote Rosen vom Himmel über St. Tropez regnen, weniger betuchte Männer schreiben Gedichte, schenken Perlen oder Weißgold und zahlen die Rechnung beim Italiener – alles in der Hoffnung, die Liebe ihrer Angebeteten zu gewinnen.

Doch bekanntlich haben sich auch Gunter Sachs und Brigitte Bardot getrennt, genauso wie Otto Normalverbraucher immer wieder die nüchterne Erfahrung macht, dass Liebe vergeht, selbst wenn man sich noch so darum bemüht. Und dass man es den Frauen leider nicht immer recht machen kann.

Es gibt ein Märchen, das von nichts anderem handelt als von der Unzufriedenheit einer Frau, obwohl sich ihr Mann unablässig bemüht, ihr etwas zu bieten. »Der Fischer und seine Frau« sind das beste Beispiel für ein Paar, bei dem er der gutwillige Trottel und sie die unzufriedene Nörglerin ist. Was er auch anstellt, es ist nicht gut genug, sie will mehr. Im Märchen wird aus der Hütte ein Haus und später ein Schloss, und am Ende sitzen beide wieder vor der Hütte. Der Beziehung, auch wenn das Märchen sich darüber ausschweigt, dürfte dieses Wechselbad der Gefühle nicht gerade gutgetan haben.

Auch im wirklichen Leben begegnen uns manchmal notorisch unzufriedene Frauen. Der ein oder andere gebrauchte Prinz wird jetzt mit dem Finger auf seine Exfrau zeigen, die seiner Meinung nach den Hals nicht voll kriegen kann und konnte und es, wie Ilsebill im Märchen, darauf abgesehen hat, immer noch mehr von ihm zu fordern. Sie stöhnt und zetert, meckert und nörgelt, weil ihr das, was sie bekommt, nicht reicht. Und der gebrauchte Prinz zahlt und zahlt und zahlt, ohne ihr wenigstens einmal lautstark die Meinung zu sagen.

Warum tut er das? Klar, weil das Familiengericht es so entschieden hat. Er kann gar nicht anders. Doch es gibt ja eine ganze Reihe von gebrauchten Prinzen, die nicht nur brav das Geld für den Unterhalt überweisen, sondern darüber hinaus eine Vielzahl von Dingen für die Exfrau tun, zu denen sie nicht verpflichtet sind: das Auto reparieren, den Abfluss im Bad säubern, die Steuererklärung ausfüllen, den Rasen mähen, das neue Regal im Kinderzimmer anbringen. Kein Richter hat sie dazu verdonnert, aber sie tun es trotzdem. Aus alter Verbundenheit, aus Schuldgefühlen, aus alter Liebe oder aus einem diffusen Verantwortungsgefühl heraus?

Roman, zum Beispiel, ist so ein Mann. Er hat Carola vor zehn Jahren wegen einer Frau verlassen, von der er glaubte, sie sei seine große Liebe. Die Ehe wurde geschieden, doch auch die neue Liebe zerbrach nach einiger Zeit, und Roman lebt nun nach ein paar nicht sehr ernsthaften Beziehungen mit Kerstin zusammen. Zu seiner Exfrau Carola hat er immer noch guten, in Kerstins Augen zu guten, Kontakt.

Carola lebt auf Mallorca, doch wenn sie in Deutschland ist, wohnt sie bei Roman und Kerstin. Eine Vereinbarung, die Kerstin zwar akzeptiert hat, aber nichtsdestotrotz leidet sie vor jedem Besuch der Exfrau unter Migräne.

Kerstin ist eine selbstbewusste, selbständige Frau, was ihr

Mann durchaus zu schätzen weiß. Beruflich ist sie ihm ebenbürtig, beide arbeiten als Anwälte. Carola dagegen lebt vom Unterhalt, den Roman ihr freiwillig zahlt, und vom Erbe ihres Vaters. Sie kann damit keine großen Sprünge machen, aber sie ist in der glücklichen Lage, nicht arbeiten zu müssen.

Während Roman und Kerstin eine moderne partnerschaftliche Beziehung führen, waren die Gewichte in seiner ersten Ehe anders verteilt. Der zierlichen, kleinen Carola gegenüber hat Roman von Anfang an den Beschützer gespielt und ihre Unselbständigkeit gefördert. Auch heute noch nimmt er ihre Hilflosigkeit gegenüber Kerstin in Schutz. Er fühle sich verpflichtet, sagt er, ihr jeden Monat eine bestimmte Summe zu überweisen. Alles andere würde er als schäbig empfinden.

Auf Kerstins berechtigte Frage, warum Carola, wenn sie Freunde in Deutschland besucht, nicht im Hotel wohne, antwortet Roman, dass das doch lieblos sei. Romans Hang, seiner Exfrau jeden Wunsch zu erfüllen und ihr jegliche Mühe zu ersparen, ist ein Indiz dafür, dass ihm eine wirkliche Ablösung von der Vergangenheit bisher nicht gelungen ist. Er will etwas wiedergutmachen, was er nicht kann. Er war es, der damals die Trennung von Carola forcierte, er hat sie verlassen und ihr dadurch sehr weh getan. Dieser späte »Heilungsversuch« kommt zwar Carolas Bequemlichkeit entgegen, ist aber kein erwachsenes Verhalten. Und er kann froh sein, dass seine neue Partnerin die ihr zugedachte Rolle in diesem Spiel klaglos übernimmt.

Nicht alles, was Männer einer Frau zuliebe tun, geschieht tatsächlich aus Liebe. Und auch der Fischer, der für seine Frau immer wieder ans Meer läuft und den Fisch ruft, um ihm einen neuen Wunsch von Ilsebill mitzuteilen, handelt allenfalls aus Pflichtgefühl.

Es fällt nicht immer leicht, die wahren Motive eines gebrauchten Prinzen zu erkennen. Und gerade deshalb ist es so wichtig, im Gespräch zu bleiben, Kompromisse zu finden, gemeinsame Wege zu erkunden. Oft verbirgt sich hinter vielen Wünschen und Handlungen etwas ganz anderes. Es ist Aufgabe des Paares, immer wieder hinter die Fassade zu blicken und die Oberfläche anzukratzen.

Männer sind stark, Männer sind klug

Das sind sie nun wirklich nur im Märchen, und im wirklichen Leben würde es an fatalen Leichtsinn grenzen, sich darauf zu verlassen. Der durchschnittliche Mann ist weder stärker (nicht was die Muskelmasse betrifft, sondern in emotionaler Hinsicht), noch klüger als die durchschnittliche Frau. Die Unterschiede liegen woanders. Die meisten Männer wollen ein Problem möglichst schnell lösen, Frauen dagegen wollen es verstehen. Männer bewegen sich – kommunikationswissenschaftlich gesehen – auf Sachebenen, Frauen auf Gefühlsebenen. Und das führt häufig zu Missverständnissen.

Außerdem werden Jungen nach wie vor anders sozialisiert als Mädchen. Auch wenn wir im Jahr 2007 leben, spielen immer noch die meisten Mädchen mit ihren Barbie-Puppen, während ein Großteil der Jungen sich beim Fußball vergnügt. Natürlich kann man die Puppe und den Fußball vertauschen, aber ändern würde sich letztlich nichts. Die Interessen von Jungen und Mädchen sind nicht deckungsgleich, das erfahren selbst die modernsten Eltern, die von rollenspezifischer Erziehung überhaupt nichts halten.

Aber drehen wir den Spieß doch einfach mal um und fragen: Ist das schlimm? Warum soll es keine Unterschiede zwischen Männern und Frauen geben?

Das macht die Sache doch gerade erst interessant. Natürlich wollen wir hier nicht behaupten, der entscheidende Unterschied bestehe darin, dass Männer kein Talent zum Saubermachen, Kochen, Einkaufen und zu anderen Dingen des täglichen Lebens haben, weshalb es auch in ferner Zukunft immer noch die Frauen sein werden, die sich um Familie und Haushalt kümmern. Diese Argumente packen wir am besten gleich in die Mottenkiste aus den 50er und noch weiter zurückliegenden Jahren und konzentrieren uns auf die Verschiedenheiten, die in vielen Partnerschaften zu Problemen und Verwicklungen führen.

Männer werden von klein auf stärker auf Wettbewerb und Konkurrenzdenken getrimmt als Frauen. Gewinnen oder verlieren heißt ihre Devise, während Frauen wesentlich häufiger an Ausgleich denken. Krisenmanagement in einer Beziehung bedeutet für Männer: Eine Lösung muss her – und zwar so schnell wie möglich. Sie nähern sich dem Ganzen rational, was ihrer Partnerin manchmal den Eindruck von Lieblosigkeit vermittelt. Sie analysieren, stellen im Kopf Tabellen und Charts auf wie in ihrem PowerPoint-Programm, sie wägen ab und kommen zu einer Entscheidung. Meist lautet diese, dass es sich in ihren Augen nicht lohnt, weiter über das Problem zu reden.

Ein Affront für ihre Partnerin. Eine Frau nähert sich dem Problem nämlich auf einem ganz anderen Weg. Sie will es zunächst einmal in Worte fassen, es hin und her wenden, von allen Seiten beleuchten, auf Nebengeräusche abklopfen und dann die Gefühlstemperatur ermitteln.

Frauen geht es in erster Linie um Mitgefühl, um Empathie. Sie sehen hinter den Spiegel und nicht nur hinein. Sie wollen ein Problem in seiner ganzen Komplexität erfassen und erst dann nach einer Lösung suchen.

Zu diesem Zeitpunkt haben Männer längst eine, was nicht heißt, dass es die beste ist. Männer beziehen sehr früh Position. Sie spielen wie beim Fußball entweder Rechtsaußen, Linksaußen oder in der Mitte. An den Positionen ändert sich auch während der Debatte nichts. Frauen finden ihren Standpunkt häufig erst danach.

Die gute Nachricht: Nicht die Natur hat das so eingerichtet, sondern wir haben es so gelernt. Und daraus folgt: Wir können auch anders. Frauen sind durchaus in der Lage, auf der Sachebene zu diskutieren und nach Lösungen zu suchen – meist tun sie das ohnehin jeden Tag in ihrem Job. Und Männer können lernen, mehr auf ihre Gefühle zu hören, auch nach Grautönen Ausschau zu halten und nicht nur Schwarz und Weiß zu sehen.

Der Paartherapeut Hans Jellouschek empfiehlt Männern zum Beispiel, die »weiblichen« Seiten in sich zu erkennen und zu fördern: mehr Aufgaben bei der Kindererziehung zu übernehmen, mehr soziale Kompetenzen zu entwickeln und zu leben. Eine gute Basis, um die Spannung in der Beziehung am Leben zu halten.

Männer sind treu

Nach einer Untersuchung des Gewis-Instituts ist die Hälfte aller Männer schon mal fremdgegangen. Folglich ist auch die Hälfte aller Frauen bereits einmal betrogen worden, eine Zahl, die man nicht so gerne hört. Dem steht allerdings gegenüber, dass in derselben Untersuchung 40 Prozent der Frauen ebenfalls einen Seitensprung zugegeben haben. Genau genommen bedeutet das: Jeder betrügt jeden. Kein Wunder, dass so viele Ehen geschieden werden und das Land voller gebrauchter Prinzen steckt.

Wenn wir davon ausgehen, dass diese Zahlen stimmen und Männer wie Frauen die Fragen der Studie ehrlich beantwortet haben, ergibt sich ein merkwürdiger Widerspruch. Denn nach dem Wert der Treue gefragt, geben fast 90 Prozent aller Befragten an, dass sie Treue für sehr wichtig halten. Zu dieser Einstellung passt auch die übliche Reaktion auf einen Seitensprung. Denn normalerweise folgt auf die Beichte einer Affäre nicht einfach nur ein Schulterzucken. Fast immer kommt es danach zu einer schweren Krise mit allem, was dazugehört: Tränen, Streit, Vorwürfe, oft zerschlagenes Geschirr, manchmal sogar Handgreiflichkeiten – und häufig eine Trennung.

Treue ist trotz aller heimlicher Ausbruchsversuche nach wie vor die Basis der Liebe und einer ernsthaften Bindung. Ein Mann, der nicht treu sein kann und sich als notorischer Fremdgänger entpuppt, zählt unter den schwierigen Männern zu den besonders komplizierten. Eine glückliche Partnerschaft mit diesem Exemplar ist nahezu unmöglich, es sei denn, man neigt zum Masochismus und hält die dauernden Kränkungen, die seine Untreue mit sich bringt, aus.

Dass der Betrug den Partner extrem verletzt, ist unbestritten. Aber gerade Männer neigen oft dazu, ihre Partnerschaft von ihrer Affäre abzuspalten, und glauben dann, das eine habe mit dem anderen nichts zu tun. Manche bringen es auch fertig, ihrer Partnerin dies mit einem Lächeln ins Gesicht zu sagen und wundern sich dann, wenn ihnen der Inhalt des Rotweinglases entgegenfliegt. Keine Frau, die von einer Rivalin erfährt, nimmt das auf die leichte Schulter. Umgekehrt tun Männer das übrigens auch nicht, meist rasten sie sogar heftiger aus als eine Frau in derselben Position. Männer trösten sich manchmal mit dem Gedanken, dass Sex und Liebe zwei verschiedene Paar Schuhe sind. Diesen Irrglauben halten sie so lange aufrecht, wie er ihnen nutzt. Sobald ihre Partnerin sich denselben Unsinn auf die Fahnen schreibt und entsprechend handelt, gilt das selbstverständlich nicht mehr.

Treue ist in der Tat eine Einschränkung von Freiheit, aber immerhin ein selbstgewählter Verzicht, der sehr viel über die Qualität einer Beziehung aussagt. Unabhängig von überkommener Moral bedeutet Treue, dass man sich für diesen einen Partner entschieden hat und mit ihm die Zukunft gestalten will. Untreue lässt auch immer den Schluss zu, dass der andere sich nicht festlegen will. Oder dass in der Beziehung etwas nicht stimmt beziehungsweise fehlt. Vielleicht ist es das gewisse Prickeln, das erotische Abenteuer, das einem Paar im Alltag abhandengekommen ist. Handelt es sich daher um eine kurze

Affäre, hat die Liebe vielleicht noch eine Chance – vorausgesetzt, beide Partner finden einen neuen Weg zueinander. Handelt es sich bei dem Dritten im Bunde um eine lange, ernste Beziehung, dürfte die ursprüngliche Partnerschaft am Ende sein.

Zurück zum gebrauchten Prinzen: Wie hält er es mit der Treue? Gehört er zu den Seitenspringern, die mühelos Sex und Liebe auseinanderhalten können? Es lohnt sich, genauer hinzusehen und zu fragen, warum seine Ehe gescheitert ist. Grundsätzlich kann man sich jedoch folgendes merken: Ein Mann, der seiner Partnerin immer wieder untreu ist, leidet entweder an einem Defizit in seiner Beziehung oder er hat einen Charakterfehler.

III. Die wichtigsten Gebraucht-Typen

Der geschiedene Mann

Ein gebrauchter Prinz, dessen Ehe unwiderruflich von einem Richter aufgelöst wurde, hat zunächst einmal einen großen Vorteil: Er ist zurück auf dem Heiratsmarkt. Durch die Scheidung wird er einer der Millionen Singles, die sich auf die Suche nach einem neuen Partner machen und gemäß der Parship-Studie aus dem Jahr 2005 hierfür durchschnittlich ein Jahr brauchen.

Die Scheidung gibt ihm seine Freiheit zurück, bürdet ihm aber auch einige Pflichten auf, vor allem den Unterhalt für seine Exfrau, die gemeinsamen Kinder und sich selbst.

Dass geschiedene Männer fast immer für die entzweite Familie aufkommen müssen, liegt schlicht und einfach daran, dass sie während der Ehe mehr verdient haben. Sind die Kinder noch klein, haben die Mütter häufig beruflich zurückgesteckt oder ihren Job ganz aufgegeben. Sie machen Babypause, kehren danach oft nur als Teilzeitkraft in die alte (oder eine neue) Firma zurück und haben dadurch deutlich weniger Gehalt auf dem Konto als ihr Mann.

Auch die Karrierechancen verschieben sich durch die Kinder zugunsten der Ehemänner. Selbst wenn beide Akademiker sind und den gleichen Universitätsabschluss haben, hat er die besseren Karten, wenn sie in die Erziehungspause geht. Sobald man ein paar Jahre raus aus dem Job ist, fängt man auf der Karriereleiter ziemlich weit unten wieder an.

Viele Paare treffen deshalb die Entscheidung, wer sich um die Kinder kümmern soll, von vornherein unter finanziellen Gesichtspunkten. Und da selbst in unserer aufgeklärten Gesellschaft die typische Paarkonstellation so aussieht, dass er mehr verdient als sie, sind es auch im Jahre 2007 immer noch die Frauen, die zu Hause bleiben.

Die Nachteile dieser »Arbeitsaufteilung« sind bekannt: Viele Frauen finden nach einigen Jahren nur schwer in den Beruf zurück, Teilzeitangebote sind rar gesät, und gute Betreuungsplätze für die Kinder muss man mit der Lupe suchen. Selbst in den Großstädten ist es nahezu unmöglich, einen Krippenplatz zu finden, wenn man verheiratet ist und eigentlich »nur« zurück in den Beruf möchte. Die wenigen Plätze, die zur Verfügung stehen, gehen allein erziehenden Müttern oder Vätern zu. Eine Tagesmutter zu engagieren ist dagegen teuer und kommt für die meisten nicht in Frage. Also bleibt alles beim Alten: Die Männer sind für das Familieneinkommen zuständig, die Frauen für Kinder und Haushalt.

Das Elterngeld, seit Anfang 2007 in Kraft und von Familienministerin Ursula von der Leyen gegen viele Widerstände forciert, soll diese Entwicklung ändern. Es sieht vor, dass Eltern, die ihren Beruf unterbrechen, 67 Prozent des Nettoeinkommens, höchstens 1800 Euro und wenigstens 300 Euro im Monat, vom Staat bekommen. Beantragt nur einer das Elterngeld, wird es 12 Monate lang gezahlt. Es verlängert sich um zwei Monate, wenn der Vater zu Hause bleibt. Die maximale Summe gibt es also nur dann, wenn auch Väter Kinderpause machen.

Gepaart mit der Forderung nach mehr Betreuungsplätzen für Kinder unter drei Jahren kommt endlich Bewegung in das festgefahrene Rollengefüge.

Eigentlich verwunderlich, dass viele Männer sich so gar nicht damit anfreunden wollen (oder können). Je mehr Selbständigkeit Frauen haben, je mehr eigenes Einkommen sie verdienen, desto stärker sind Männer entlastet, wenn die Ehe scheitert. Seltsamerweise rufen viele Männer erst dann nach einer finanziell unabhängigen und berufstätigen Frau, wenn der Familienrichter den Unterhalt festlegt und sie mit Entsetzen ihr Konto halbiert sehen.

Halten wir fest: In der Regel müssen nach einer Scheidung die Männer für den Unterhalt der Exfrau und der Kinder aufkommen, worunter geschiedene Männer meistens leiden. Darüber sollte sich jede Frau, die sich für einen gebrauchten Prinzen entscheidet, klar sein.

Außerdem sind geschiedene Männer es nicht gewöhnt, allein zurechtzukommen, sie haben die sozialen Kontakte zum großen Teil ihren Frauen überlassen und sehen sich nach der Scheidung mit dem bitteren Gefühl von Einsamkeit konfrontiert. Über 50 Prozent der geschiedenen Männer, so ergab eine repräsentative Untersuchung in den USA, will deshalb wieder heiraten und wünscht sich eine neue Partnerin und somit eine zweite Chance. Insgesamt planen schließlich zwei Drittel aller Geschiedenen eine weitere Hochzeit und hätten auch gerne mehr Kinder. Ähnliche Zahlen gelten auch für Deutschland.

Geschiedene Männer, die auf dem großen Singlemarkt nach einer neuen Partnerin suchen, bringen neben den rechtlichen Folgen der Scheidung vor allem folgende Probleme mit sich:

- Sie haben Angst, dieselben Fehler noch einmal zu begehen und versuchen jetzt, auf Biegen und Brechen in Harmonie zu leben, um eine erneute Trennung zu vermeiden. Was logischerweise zu enormem Druck führt, alles richtig zu machen. Das traurige Ergebnis, das aus dieser Sehnsucht nach einem Zusammenleben ohne Ecken und Kanten resultiert, ist meist das wiederholte Scheitern einer Beziehung. Denn weder die neue Partnerin, noch die Exfrau, und schon gar nicht die Kinder, sind in der Regel gewillt, widerspruchslos beim Streben nach Harmonie mitzumachen. Der gebrauchte Prinz wird schneller als ihm lieb ist feststellen, dass er keinesfalls Everybody's Darling ist, sondern plötzlich zwischen allen Stühlen sitzt und es niemandem recht machen kann. Der Wunsch nach Friede, Freude, Eierkuchen verkehrt sich somit ins Gegenteil und beschwört eine unheilvolle Entwicklung herauf, in deren Verlauf es zu heftigen Konflikten kommen kann.
- Viele gebrauchte Prinzen, vor allem die, die von ihrer Frau verlassen wurden oder eine schmutzige Scheidungsschlacht hinter sich haben, finden oft erst langsam Vertrauen zu ihrer neuen Partnerin. Bei aller Verliebtheit bleiben sie stets wachsam, forschen nach negativen Zeichen, die sie an früher erinnern. Ihre eigenen Gefühle, aber auch die neue Liebe, stehen ständig auf dem Prüfstand. Will sie mich auch abzocken? Wann zeigt sie endlich ihr wahres Gesicht? Und andere selbst-

quälerische Fragen, auf die es keine befriedigende Antwort gibt und die die oft noch instabile Basis der neuen Beziehung zerstören können.

- Jede Scheidung kratzt am Selbstwertgefühl und erweckt – oft unbewusst – in den Betroffenen den Verdacht, nicht liebenswert zu sein. Der neuen Liebe treten diejenigen mit einer gehörigen Portion Skepsis gegenüber, wenn sie nicht sogar davon überzeugt sind, dass diese ebenfalls scheitern muss. Diese Art von Selffulfilling Prophecy führt im Endeffekt genau zu dem Resultat, das man die ganze Zeit befürchtet hatte. Ist das Selbstwertgefühl nach einer Scheidung noch nicht wieder in Balance, stehen die Chancen auf eine dauerhafte neue Partnerschaft schlecht. Wer sich selbst nicht liebt, kann auch niemand anderen lieben.
- Bei dem einen oder anderen sind die Ansprüche, die an eine Partnerschaft gestellt werden, mit der Scheidung deutlich gesunken. An den Spruch »Bis dass der Tod euch scheidet« glaubt man sowieso nicht mehr, der Traum vom lebenslangen Glück ist längst zerplatzt. Hatte man in seiner ersten Ehe noch von Liebe ohne Grenzen geträumt, ist man jetzt froh, wenn es wenigstens im Bett stimmt. Man bildet sich ein, es genüge einem, einfach nur Spaß miteinander zu haben – mehr nicht. In diesem Fall ist eine Enttäuschung vorprogrammiert und durch die Oberflächlichkeit der Beziehung eine Trennung beinahe unvermeidlich. Hier besteht tatsächlich eine Relation zwischen Anspruchsniveau und Zukunftsaussichten. Je niedriger das eine, desto trüber das andere.
- Angst ist ein schlechter Ratgeber und in Sachen Partnerschaft gilt das erst recht. Wer jeder Auseinandersetzung mit der neu-

en Partnerin aus dem Weg geht, weil er fürchtet, dadurch die Liebe zu gefährden, tut sich keinen Gefallen. Damit die Liebe eine Chance hat, brauchen beide Partner das Gegenteil von Angst – Mut.

- Dass ein gebrauchter Prinz Rücksicht auf seine Kinder nimmt, spricht nicht gegen ihn. Eine neue Liebe muss akzeptieren, dass geschiedene Väter ihren Kindern Zeit und Zuwendung widmen wollen. Problematisch wird es dann, wenn die Kinder des gebrauchten Prinzen die gesamte Freizeit ihres Vaters in Anspruch nehmen. Kinder sind nach einer Scheidung selbst bis ins Innerste verletzt und wünschen sich nichts sehnlicher, als dass ihre Eltern wieder zusammenkommen und sich versöhnen. Die Familie in ihrer alten Form soll wiederhergestellt werden, und jeder neue Partner bekommt das zu spüren. Kinder haben sehr feine Antennen dafür, wann sie die neue Beziehung ihres Vaters sabotieren können – und diese Chance werden sie auch nutzen. Das müssen übrigens nicht nur egoistische Motive sein. Möglicherweise wollen sie ihren Vater vor einer weiteren Enttäuschung bewahren, oder sie haben den Eindruck, dass ihre Mutter unter der Tatsache leidet, dass sich ihr Exmann neu verliebt hat. Auf jeden Fall hat eine neue Liebe schlechte Karten, wenn ein geschiedener Vater sich nicht klar und eindeutig auf die Seite seiner Partnerin stellt. Meint er es wirklich ernst mit der neuen Beziehung, muss er seinen Kindern reinen Wein einschenken – nicht falsche Rücksicht walten lassen.

Psychologen haben festgestellt, dass geschiedene Männer – übrigens anders als geschiedene Frauen – durch eine glückliche neue Beziehung die emotionalen Folgen einer Scheidung schneller überwinden. Die seelischen Verletzungen heilen in kurzer Zeit, das gekränkte Ego erholt sich. Auf geschiedene Männer wirkt eine neue Liebe wie Medizin – die meisten wenden sie trotz aller Risiken und Nebenwirkungen an.

Der getrennte Mann

Getrennt bedeutet nichts anderes als noch verheiratet. Wer getrennt lebt, hat sich zur Scheidung entweder noch nicht durchgerungen oder befindet sich im obligatorischen Trennungsjahr und wartet auf den Termin beim Familiengericht. Getrenntlebende Männer sind daher nicht ganz so frei in ihren Entscheidungen wie geschiedene, die Ehefrau ist keine Ex und unter Umständen gibt es auch noch keine getrennten Wohnungen.

Zudem ist oft ein bisschen Vorsicht angebracht, wenn ein Mann beim ersten Date oder heißen Flirt behauptet, er sei zwar verheiratet, aber getrennt. Gut möglich, dass die Ehe noch lange Jahre weiterbesteht und es vielleicht niemals zu einer wirklichen Trennung oder gar Scheidung kommt.

Das kann an komplizierten Finanzstrukturen liegen – ein Paar könnte beispielsweise gemeinsam eine gutgehende Firma führen und deshalb das Vermögen nicht auseinanderreißen wollen trotz der erkalteten Liebe. Oder die Scheidung käme einen von beiden so teuer, dass sich das Paar lieber außergerichtlich über die Konditionen von Unterhalt oder Abfindung einigt und damit eine Menge Anwalts- und Gerichtskosten spart. Zwar gibt es dann keine Scheidung und keiner von beiden kann wieder heiraten, aber solange beide derselben Meinung sind, ist das die günstigste und einfachste Lösung.

Dass ein Paar vor einer Scheidung zurückschreckt, kann aber

nicht nur rationale Gründe haben. Auch Gefühle, die man noch füreinander empfindet, können durchaus eine Rolle spielen. Das Zusammenleben ist zwar eintönig und langweilig geworden, man wünscht sich mehr Selbstverwirklichung und Freiheit, aber für einen endgültigen Schritt will man sich Zeit lassen. Der Partnerschaft vielleicht noch eine Chance geben, nachdenken, Luft holen, bevor man sich entscheidet.

Es gibt Paare, die stellen fest, dass sie mit diesem halben Ergebnis, mit dem Verharren zwischen Baum und Borke ganz gut leben können. Einige schaffen es sogar, das gemeinsame Haus zu behalten und sich eigene Bereiche einzurichten, andere kommen mit einer räumlichen Trennung besser zurecht, haben aber dennoch regen Kontakt – auch in erotischer Hinsicht. Man bewegt sich in einem Schwebezustand, der zum einen die materielle Sicherheit einer Ehe bietet und zum anderen ein maximales Maß an Entfaltungsmöglichkeiten eröffnet. Das kann extrem spannend und für den Einzelnen bereichernd sein, und das ein oder andere Paar schafft es tatsächlich, wieder eine neue Basis zu finden.

Andere richten sich einfach bequem in diesem Lebensmodell ein, es gilt das unausgesprochene Gesetz, dass keiner den anderen stört. Und solange es funktioniert, sprich ein Gleichgewicht der Kräfte besteht, sind Soll und Haben ausgeglichen. Das ist für einen gebrauchten Prinzen ein schönes Ruhekissen, für eine neue Liebe, die an eine eigene Zukunft mit diesem Mann denkt, ein schmerzhaftes Nagelbett. Denn ein gebrauchter Prinz, der lieber getrennt als geschieden ist, kommt schließlich für die Familiengründung nur bedingt in Frage.

So wie Karsten. Er und seine Frau Anna haben sich vor vier

Jahren getrennt. Karsten hatte eine Affäre, Anna seine Lügereien satt. Da die beiden Kinder bereits im Gymnasium waren und der Sohn, Konstantin, kurz vor dem Abitur stand, wurde in der Familie ganz offen besprochen, dass Karsten sich eine eigene Wohnung nimmt, die Kinder bei Anna bleiben, aber so viel Zeit beim Vater verbringen können, wie sie möchten. Außerdem bestand für Konstantin die Option, spätestens als Student übergangsweise bei Karsten zu wohnen. Ein rationales Arrangement, mit dem alle zufrieden waren und das verhältnismäßig reibungslos über mehrere Jahre funktioniert hat.

Konstantin hat nach dem Abitur eine Zeitlang beim Vater gelebt, der zweite Sohn, Mark, ist zunächst bei Anna geblieben, dann hat er einen Studienplatz in einem anderen Bundesland bekommen und ist ausgezogen.

Trotz der Trennung der Eltern war eine Art Familienleben möglich. Man ist zu viert essen gegangen, hat zusammen Weihnachten gefeiert, und auch die Geburtstage wurden gemeinsam verbracht. Karsten konnte seine Freundinnen haben, aber das von allen akzeptierte Familienmodell wurde dadurch nicht weiter gestört.

Dann, nach drei Jahren, hat sich Karsten ernsthaft verliebt. Und während Anna ihr Leben und ihre Freiheit genoss, ohne sich nach einer neuen Partnerschaft zu sehnen, waren für Karsten die Karten plötzlich neu gemischt.

Denn Corinna ist nicht nur wesentlich jünger als Karsten, sie ist auch nicht bereit, auf Dauer mit einem zwar getrenntlebenden, aber dennoch verheirateten Mann zusammenzuleben. Corinna träumt selbst von einer Familie, von Kindern, von einem Haus im Grünen. Mit Anfang dreißig tickt zwar ihre biologische Uhr keineswegs bedrohlich, aber sie will nicht warten, bis es zu spät ist. Also setzt sie Karsten unter Druck.

Corinna will eine Entscheidung. Ihre Argumente: Karsten und Anna leben schon so lange getrennt, einer Scheidung würde nichts im Wege stehen. Alle Beteiligten haben sich daran gewöhnt, dass die beiden kein Paar mehr sind, auch wenn der Trauschein noch Gültigkeit hat. Die beiden Söhne sind erwachsen, sie werden selbst früher oder später eine Familie gründen, warum also sollte der Vater nicht auch das Recht haben, einen Neustart zu wagen?

Dennoch zögert Karsten. Finanziell könnte er sich eine Scheidung durchaus leisten, Konstantin und Mark würde er die Ausbildung bis zum Ende finanzieren, Anna ist Malerin, kann aber von dem Erlös ihrer Bilder ihren Lebensstandard nicht halten. Doch Karsten könnte sie mit seinem Unterhalt, den er ja jetzt auch zahlt, weiter unterstützen. Am Geld liegt es nicht, was also hindert ihn, sich scheiden zu lassen?

Je mehr Corinna nach seinen Motiven bohrt, umso mehr verschließt Karsten sich wie eine Auster. Er sagt, er liebe Corinna und wolle mit ihr den Rest seines Lebens verbringen. Aber beim Thema Scheidung weicht er aus.

Verständlicherweise ist Corinna enttäuscht und verletzt. Sie vermutet, er wolle sich nicht scheiden lassen, weil er sich nicht festlegen will. So ganz falsch liegt sie damit nicht. Karsten reicht die Verantwortung, die er bereits für seine erste Familie hat. Die Tatsache, dass er bereits verheiratet ist, gibt ihm die Chance, lieben zu können, ohne Verpflichtungen eingehen zu müssen. Er will keine neue Familie, hat aber nicht den Mut, es Corinna zu sagen.

Wenn jedoch jeder auf seinem Standpunkt beharrt, haben Corinna und Karsten als Paar keine Zukunft. Die Lebensziele der beiden sind so unterschiedlich, dass ein Kompromiss nicht möglich scheint. Corinna will Kinder und Familie und kein Leben als Geliebte oder allein erziehende Mutter an der Seite eines verheirateten Mannes. Karsten dagegen will an seinem bisherigen Leben nichts ändern, eine Scheidung kommt für ihn nicht in Betracht.

Corinnas Wünsche und Forderungen sind verständlich und keineswegs überzogen oder unfair. Sie wünscht sich Kinder, er verweist darauf, dass er bereits zwei erwachsene Söhne hat. Sie will den Traum Familie leben, er hat ihn bereits ausgeträumt.

Psychologen raten Frauen in so einer Situation, nicht auf den eigenen Kinderwunsch zu verzichten, weil der Partner das Thema Familie für sich abgehakt hat. Selbst wenn sie im Alter von 30 Jahren ihm zuliebe diesen Schritt vollzieht – spätestens mit 40 kann sich diese Entscheidung rächen und zu einer schmerzhaften Lebensenttäuschung werden. Die Sehnsucht nach einem Kind mit dem Mann, den man liebt, ist eine so elementare, dass sie sich nicht einfach verdrängen lässt.

Auch ohne hellseherische Fähigkeiten ist abzusehen, dass Karsten und Corinna sich irgendwann trennen werden. Denn Karsten wird eine Scheidung von seiner Frau auch vor sich selbst nicht rechtfertigen können. Irgendeinen Grund, warum alles so bleiben muss, wie es ist, wird er immer finden. Und sei es, dass er Anna unterstellt, sie würde die Scheidung nicht verkraften. In Wahrheit ist er es, der sich nicht von der Stelle bewegt. Weil er das bleiben will, was er ist: ein getrennter Mann.

Der verheiratete Mann

Der verheiratete Mann ist als Gebraucht-Modell nicht zu empfehlen, es sei denn, er denkt ernsthaft an Trennung. Wer sich in einen verheirateten Mann verliebt, hat das Pech, immer die Dritte im Bunde zu sein, diejenige, die in die Ehe eingebrochen ist, selbst wenn es sich um eine erkaltete, unglückliche oder heftig kriselnde Beziehung handelt. Lebt er noch zu Hause bei Frau und Familie und ahnt diese nicht einmal etwas von der neuen Liebe, erschwert das die Situation. Da er die Affäre meist geheim halten will, trifft man sich nie in der Öffentlichkeit, sondern entweder in der Wohnung der Geliebten oder im Hotel. Die Nächte verbringt er im Ehebett, deshalb reduziert sich das Zusammensein auf leidenschaftlichen Sex, ein Candle-Light-Dinner zu zweit oder ein Kurztrip übers Wochenende, bei dem er vorgibt, eine berufliche Weiterbildung zu besuchen.

Ansonsten macht er an Sonn- und Feiertagen in Familie, hat Weihnachten, Ostern, Pfingsten keine Zeit, und in den Schulferien ist er im Urlaub. Ein verheirateter Mann mag zwar ein guter Liebhaber sein, und die Angst vor Entdeckung sorgt für ein zusätzliches Prickeln, aber ein guter Partner ist er nicht. Übrigens auch kein guter Ehemann, denn schließlich betrügt er ja seine Frau, erfindet tausend Ausreden und Lügen, bringt es aber trotzdem fertig, jeden Abend nach Hause zu kommen, als wäre nichts gewesen.

Manche Männer leiden durchaus unter dieser Situation und versuchen relativ schnell, ihrer Ehefrau reinen Wein einzuschenken und die neue Liebe zu beichten. Haben sie sich nachhaltig in eine andere Frau verliebt, kommt es meist zur Trennung, oft auch zur Scheidung. Für die Frau, die verlassen wird, ist das bitter und schmerzhaft, die andere wechselt vom Status der Geliebten zur offiziellen Partnerin, vielleicht sogar zur neuen Ehefrau.

Man könnte meinen, nun sei alles wieder gut, denn der gebrauchte Prinz hat sich ja entschieden. Aber so einfach ist es leider nicht. Gerade die Frauen, die die Trennung ausgelöst haben – selbst wenn sie nicht die Ursache für das Scheitern der Ehe waren – müssen eine Menge Anfeindungen verkraften.

Der betrogenen Exfrau gilt das allgemeine Mitgefühl, sie wird bedauert und meist auch in der Ansicht bestärkt, dass ihr Exgatte ein mieser Halunke ist, der zur Strafe für sein Verhalten ruhig so viel wie möglich zahlen soll. Das gesamte soziale Umfeld der Exfrau – und dazu gehören nun einmal auch die Kinder, die Großeltern, Verwandte, Freunde, Bekannte – ist in der Regel gegen die Neue. Sie hat nach allgemeiner Auffassung die Ehe zerstört, eine bis dato glückliche Familie auseinandergebracht und nach allen Regeln der Kunst Unheil gesät. Wie eine böse Fee im Märchen spielt die Geliebte eine durch und durch unrühmliche Rolle – jedenfalls in seiner Familie. Dem neuen Paar bleibt oft nichts anderes übrig, als sich einen neuen Freundeskreis zu suchen.

Seine »Neue« ist und bleibt über lange Zeit hinweg eine Außenseiterin, die zwar zähneknirschend eingeladen, aber dann doch geschnitten wird. Die Sympathie der weiblichen Familienmitglieder gilt sowieso der verlassenen Ehefrau. Irgendwo spukt schließlich auch die Angst im Hinterkopf, dass einem selbst so etwas passieren könnte. Ist die neue Partnerin jünger und attraktiver als die Exfrau, wird die Mauer der Ablehnung noch größer. Denn dann ist für alle sonnenklar, wer die Ehe gesprengt hat: das kleine Biest.

Eine Frau, die sich in einen verheirateten Prinzen verliebt, muss wissen, auf was sie sich einlässt. Es braucht schon ein starkes Band zwischen den neuen Partnern, damit die Beziehung trotz Trennung und Scheidung Bestand hat. Denn die Belastungen, die jetzt auf beide zukommen, steckt man nicht einfach weg. Man muss sich sehr sicher sein, ob man diesen Weg auch wirklich gehen will, denn sobald das einstige Verhältnis zu einer dauerhaften Partnerschaft umgewandelt wird, sind Ehe und Familie definitiv am Ende.

Die Alternative ist eine Affäre mit ungewissem Ausgang. Die Heimlichkeiten werden fortgesetzt, und die Geliebte richtet sich auf ein Leben mit einsamen Wochenenden und Single-Urlaub ein. Kein verliebter Blick im Restaurant, kein Händchenhalten beim Spaziergang, kein gemeinsamer Kinoabend und kein Hobby, das man offen teilen kann. Als Geliebte führt man eine Beziehung unter strengster Geheimhaltung – und das ist nun mal nicht jedermanns Sache.

Häufig sind es die Frauen, die die Initiative ergreifen, um diesen Zustand zu beenden. »Sie oder ich« heißt die Forderung, die einen verheirateten Mann endlich zum Handeln zwingen soll. Ein Satz mit einem gewissen Risiko, der nicht immer zum gewünschten Erfolg führt. Manche Männer können oder wollen die Affäre nicht öffentlich machen, weil sie entweder beruflich in einer Position sind, in der sie meinen, sich so etwas nicht leisten zu können, oder weil sie gar nicht beabsichtigen, den Heimlichkeiten ein Ende zu setzen.

Denn in einem Dreiecksverhältnis sind meist die Männer in der besten Position: Sie bestimmen die Regeln und halten alle Macht in Händen. Sie sind es, die virtuos auf zwei Klavieren spielen. Es gibt sogar Männer, die es schaffen, die Geliebte vor der Ehefrau und umgekehrt zu verbergen. So betrügen sie gleich in doppelter Hinsicht und pendeln zwischen den Polen ehelicher Zweisamkeit und lustvoller Leidenschaft. Sie lassen beide Frauen im Unklaren, und selbst wenn die Geschichte auffliegt, muss das noch lange kein Anlass zur Entscheidung sein. Es sei denn, eine der Frauen hat den Mut, diesen gebrauchten Prinzen vor die Tür zu setzen.

Der verwitwete Mann

Stirbt der Lebenspartner, so muss der andere eine Trennung aushalten, die niemand so gewollt hat. Ein Mann, der seine Frau durch Krankheit oder durch einen Unglücksfall verliert, stürzt in ein düsteres Tal der Trauer, aus dem er meist nur langsam wieder herausfindet. In so einem Moment steht die ganze Familie unter Schock. Man fragt – vergeblich – nach dem Warum, hadert mit Gott, mit dem Schicksal, mit der ganzen Welt.

Auch wenn wir wissen, dass das Leben endlich ist, schieben wir bis ins hohe Alter die Beschäftigung mit dem Tod weit nach hinten. Niemand will sich mitten im Leben einem so tragischen Ereignis stellen müssen. Und doch werden wir manchmal dazu gezwungen.

Ein Mann, der plötzlich Witwer ist, wird nicht nur mit den Gefühlen von Trauer, Leere und Einsamkeit konfrontiert, sondern auch mit der gesamten Verantwortung für die restliche Familie. Er hat seine Frau verloren, die Kinder aber ihre Mutter. Auch ihre Trauer muss aufgefangen werden, sie brauchen jetzt besondere Zuwendung und fordern sie beim Vater ein.

Doch dem fehlen oft die Zeit und die Kraft, um all diese Aufgaben zu bewältigen. Er muss weiter Geld verdienen, die Kinder müssen irgendwie betreut werden, unter Umständen gibt es auch noch Großeltern, um deren Versorgung er sich kümmern muss. Ein verwitweter Mann sieht sich einer Vielfalt von Pflichten und Verantwortungen gegenüber, die er häufig gar nicht erfüllen kann. Hinzu kommt die eigene Trauer.

Eine neue Liebe kann vieles ändern, nur eines nicht – die verstorbene Partnerin ersetzen. Für einen verwitweten Mann, der sich frisch verliebt, beginnt ein neues Kapitel seines Lebens, doch nicht alle Menschen in seiner Umgebung gestehen ihm das Recht zu, dieses auch vorbehaltlos aufzuschlagen. Unverständnis bis hin zu Aversionen gegen die neue Liebe können ihm begegnen, und vor allem Kinder reagieren auf eine andere Frau im Leben ihres Vaters oft mit Idealisierung der toten Mutter sowie Wut auf die neue Partnerin.

Das ist für niemanden eine leichte Situation. Durch den Tod der ersten Frau befindet sich das Paar, das ja eigentlich die Liebe genießen will, in einer schwierigen Position. Das Ende der ersten Ehe war nicht geplant und schon gar nicht gewollt – die Erinnerung an früher ist daher eine ganz andere als nach einer Scheidung. Die erste Frau ist immer noch präsent, und es besteht die Gefahr, dass vor allem die Kinder die Lücke, die ihre Mutter hinterlassen hat, verbissen verteidigen. Niemand soll diese Lücke ausfüllen, der Vater soll allein bleiben. Auch Großeltern und andere Verwandten können sich wie eine Wagenburg um den Witwer schließen teils in bester Absicht, um ihn in der Zeit der Trauer zu unterstützen, teils voller Unverständnis angesichts seines Wunsches nach einer neuen Beziehung.

Mit dem Schatten der verstorbenen Frau zu leben, erfordert von der neuen Partnerin viel Verständnis und Fingerspitzengefühl. Es muss ihr gelingen, Trost zu spenden besonders den Kindern, und sie muss es zulassen können, dass ihr Partner und seine Kinder einen Platz im Herzen für eine andere Frau reserviert haben.

Der beziehungsunfähige Mann

Gebrauchte Prinzen, die wie eine Biene von Blume zu Blume fliegen und daher schon durch viele Hände und Betten gegangen sind, gehören zu den Albträumen, selbst wenn sie auf den ersten Blick wie eine Kreuzung zwischen George Clooney und Brad Pitt daherkommen sollten. Bindungsunwillige oder auch -unfähige Männer können ungeheuer charmant, attraktiv und begehrenswert sein, meist ist es gerade die Aura des freiheitsliebenden Nomaden, die sie so unwiderstehlich macht.

Bei genauerem Hinsehen entpuppen sie sich als Zeitgenossen, die zwar keinem Abenteuer abgeneigt sind, aber jede Art von Verantwortung weit von sich weisen. Liebe ja, Bindung nein. Sex ja, Kind nein. Sie sind ein Meister der Kür, aber klägliche Versager, wenn es um die Pflicht geht. In Sachen Erotik verdienen sie die Höchstnote, doch der schnöde Alltag interessiert sie nicht.

Wenn ein gebrauchter Prinz sich partout nicht binden will, ist er eventuell schon gebunden, oder er hat die Erfahrung gemacht, dass Gefühle – vor allem seine – eine flüchtige Angelegenheit sind und sich ohnehin nicht konservieren lassen. Also versucht er es auch gar nicht. Stattdessen genießt er die Freuden der Abwechslung.

Nicht immer steckt die Unfähigkeit zur Treue dahinter. Er ist treu, solange die Liebe dauert – und das ist der Knackpunkt. Denn die Liebe hat bei diesem Exemplar eine erschreckend kurze Haltbarkeit, die zwischen ein paar Wochen und ein paar Monaten schwankt – höchstens.

Nun könnte man sagen, eine erwachsene Frau weiß selbst, worauf sie sich da einlässt. Doch in Wahrheit weiß sie es eben nicht. Denn ein Mann, der sich nicht binden will, verrät das meistens nicht. Es gibt aber ein paar Indizien, die durchaus darauf schließen lassen, dass die Liebe nicht von Dauer sein wird. Zum Beispiel seine geschickten Ausweichmanöver bei jedem zarten Hinweis auf die Zukunft. Ein gemeinsamer Urlaub? Mal sehen. Zusammenziehen? Mal abwarten. Gemeinsame Pläne fürs nächste Jahr? Da haben wir ja noch viel Zeit.

Männer, die die Tendenz zum Abwarten haben, neigen dazu, alles in der Schwebe zu lassen. Bloß keine Verbindlichkeiten, nichts festzurren, um Gottes willen nicht die Liebe zementieren. Dann kriegt sie ja keine Luft mehr.

Es gibt viele Argumente, mit denen Männer auf Zeit spielen, und einige davon klingen auch ganz vernünftig. Hellhörig sollte man allerdings werden, wenn sie sich ständig wiederholen und auch nach Wochen verliebter Zweisamkeit nichts von ihrer Unverbindlichkeit verloren haben.

Selbst die gutgläubigste Partnerin sollte sich spätestens dann mit dem Gedanken anfreunden, dass sie an einen der gar nicht so seltenen Exemplare mit Bindungsstörung geraten ist. So erfolgreich diese Männer im Beruf und beim Flirten sein können, so unfähig sind sie beim Aufbauen ernsthafter Bindungen.

IV. Seine Kinder und ich

Die Geschichte von der bösen Stiefmutter

Schneewittchen hatte eine und Aschenputtel auch. Die Stiefmutter im Märchen ist eigentlich immer böse und grausam, hat ein aufgeblasenes Ego und zieht die eigenen Kinder selbstverständlich den Stiefkindern vor. Ihr Mann, der gebrauchte Prinz, ist ein guter, aber schwacher Mensch, der sich gegen seine zweite Frau nicht durchsetzen kann.

Bei *Schneewittchen* geht es zwar letztlich nur um Äußerlichkeiten – »Spieglein, Spieglein an der Wand, wer ist die Schönste im ganzen Land?« –, aber das reicht, um den Tod der schönen Stieftochter zu planen und mit großer krimineller Energie auch umzusetzen. Erst stiftet sie den Jäger an, Schneewittchen im Wald umzubringen, dann macht sie sich selbst auf die Suche nach der Rivalin im Wettbewerb um Jugend und Schönheit. Aber das schon totgeglaubte Schneewittchen wird gerettet und die böse Stiefmutter aufs grausamste bestraft.

Auch Aschenputtel (oder Cinderella) leidet schwer unter den Ungerechtigkeiten der zweiten Frau ihres Vaters, die auch noch zwei nichtsnutzige eigene Töchter mit in die Ehe gebracht hat. Während die Stiefschwestern den ganzen Tag lang auf der faulen Haut liegen, muss Aschenputtel unablässig putzen, aufräumen, kochen, nähen und alles erledigen, was in einem Märchenhaushalt so anfällt.

Natürlich ist Aschenputtel schöner, klüger, weiser, vornehmer und empfindsamer als die Töchter der Stiefmutter. Und natürlich verliebt sich der Prinz (in diesem Fall kein gebrauchter) in Aschenputtel und reist mit dem zierlichen Schuh durch das ganze Land, um seine große Liebe wiederzufinden. Auch in diesem Märchen erleiden die Stiefmutter und ihre missgünstigen Töchter ein übles Schicksal, während Aschenputtel Prinzessin wird.

Märchen sind Märchen, und wir alle glauben nicht daran, aber erstaunlich ist doch, dass die Silbe »Stief« immer noch einen negativen Beigeschmack hat. Stiefmütter sind eben keine richtigen Mütter, sondern auf der nach oben offenen Skala der negativ besetzen Wörter irgendwo zwischen »Schwiegermütter« und »Rabenmütter« angesiedelt.

Stiefmütter sperren bei den Brüdern Grimm Kinder in dunkle Verliese, lassen sie Linsen aus der Asche sammeln und statt in einem Bett neben dem Herd auf dem nackten Boden schlafen. In der Realität müssen die Rollen vertauscht werden: Nicht die Kinder fürchten ihre Stiefmutter, sondern umgekehrt. Frauen, die sich in einen gebrauchten Prinzen mit Kind verlieben, wissen heute, dass sie eine Aufgabe übernehmen, die mehr Power und Köpfchen erfordert als ein Posten im oberen Management.

Es gibt eine Reihe von Studien und Untersuchungen zum Thema Kinder und ihre Probleme in einer Stieffamilie, die alle zu einem ähnlichen Ergebnis kommen: Die Veränderungen, die zur Auflösung der Urfamilie führen, gehen von den Erwachsenen aus. Die Kinder müssen im Grunde zuschauen, wie ihre bis dato heile Welt vor ihren Augen in Stücke zerfällt. Sie würden gerne etwas dagegen unternehmen, aber sie können nichts tun.

Die Erwachsenen sind diejenigen, die den Prozess vorantreiben, die Kinder sind – im Psychologendeutsch – abhängig beteiligt.

Es sind die Kinder, die sich anpassen müssen, und es ist die neue Partnerin, von der erwartet wird, dass sie mit diesen Bedingungen klarkommt. Und da es in diesem Kapitel um die Situation der Stiefmütter geht, richten wir unseren Blick einfach mal auf ihre Befindlichkeiten.

Nehmen wir an, sie ist Anfang 30 und verliebt sich in einen geschiedenen Vater mit zwei Kindern. Er ist zehn Jahre älter als seine neue Liebe, die Ehe dümpelte schon eine Weile unaufgeregt vor sich hin, bis seine Frau die Scheidung einreichte. Die Kinder, acht und sechs Jahre alt, kennen, wie alle Scheidungskinder, nicht die Einzelheiten, warum und woran die Ehe ihrer Eltern gescheitert ist, aber sie nehmen mit feinen Antennen wahr, dass Papa seine neue Freundin lieber mag als Mama.

Die neue Stiefmutter, nennen wir sie Eva, hat selbst keine Kinder und ist sich auch noch nicht sicher, ob sie jemals Mutter werden will. Sie hat sich nach Studium und Start in den Job eine gute Ausgangsposition für ihre Karriere erarbeitet und bislang die schönen Seiten ihres Privatlebens genossen. Seit sie mit einem gebrauchten Prinzen zusammen ist, sieht das anders aus.

Denn dieser Mann, nennen wir ihn Thomas, wünscht sich nichts sehnlicher, als dass seine Kinder sich mit seiner neuen Liebe verstehen. Er gehört zu den Vätern, die es mit ihrer Erziehungsverantwortung ernst nehmen und auch nach der Scheidung möglichst viel Kontakt mit ihren Kindern haben möchten. Seine Exfrau unterstützt ihn dabei, schließlich will sie die Kinder nicht allein großziehen.

Eva dagegen hat keinerlei Erfahrungen mit Kindern und eigentlich auch keine Lust darauf. Im Job ist sie es gewöhnt, im Team zu arbeiten, in einem Team Erwachsener, die sich zwar nicht immer, aber meistens von rationalen Entscheidungen leiten lassen. Seit sie mit Thomas' Kindern zu tun hat, ist sie mit ihrem Latein in Sachen Menschenführung am Ende. Denn den Herausforderungen, die diese Aufgabe an sie stellt, ist sie schlicht und einfach nicht gewachsen. Niemand kann ihr helfen, denn Stiefmütter haben kein Netzwerk. Und Stiefmütter bekommen auch selten die richtigen Ratschläge.

Dabei steigt durch die zunehmende Scheidungsrate die Zahl der Stiefkinder und somit auch die der Stiefmütter. Letztere werden mit folgenden Problemen zu kämpfen haben:

- Die Stiefmutter ist mit den Kindern biologisch nicht verwandt, sie hat sie nicht auf die Welt gebracht, und sie empfindet – zunächst einmal – auch keine mütterlichen Gefühle. Die einzige Verbindung zwischen Stiefmutter und Stiefkindern ist der Vater der Kinder. Die Kinder, die sich ja in den allerseltensten Fällen noch im Säuglingsalter befinden, sondern eher bereits in die Schule gehen, empfinden die neue Partnerin des Vaters meist als Eindringling, als Störenfried, der sich in die Familie hineingedrängelt hat und so verhindert, dass die eigentlichen Eltern wieder zusammenkommen.
- Eine sogenannte Stieffamilie unterscheidet sich eklatant von anderen Familien. Da der gebrauchte Prinz in den seltensten

Fällen das Sorgerecht hat, leben die Kinder bei seiner Exfrau, die Stieffamilie hat also – im Gegensatz zur herkömmlichen Familie – zwei Wohnsitze. Die Kinder sind Mitglieder zweier verschiedener Haushalte, in denen nicht immer dieselben Regeln gelten. Was im Haushalt der Mutter erlaubt ist (laute Musik hören, die Baseballkappe darf beim Essen auf dem Kopf bleiben etc.), wird im Haushalt des Vaters entweder von ihm selbst oder – was wahrscheinlicher ist – von seiner neuen Partnerin verboten. Umgekehrt gilt natürlich dasselbe: Manchmal neigen geschiedene Väter zum Beispiel dazu, in Erziehungsfragen sehr viel toleranter zu sein als die Mütter.

- Eine Stiefmutter hat oft keine Chance, eine unbefangene Beziehung zu den Kindern ihres Partners aufzubauen. Vieles wird von der Mutter, aber auch von den Großeltern, bestimmt. Da die Kinder ihren Lebensmittelpunkt im Haushalt der Mutter haben, werden hier die Weichen für das weitere Verhältnis zwischen Kindern und Stiefmutter gestellt. Viele Exfrauen reagieren eifersüchtig auf die Annäherung der neuen Partnerin an die Kinder. Es reicht, dass sie ihren Mann an diese Frau verloren haben, die Kinder werden sie nicht auch noch hergeben. Erzählen die Kinder vom Wochenende beim Vater, wird genau hingehört, welche Rolle die Stiefmutter gespielt hat. War sie nett und ist fürsorglich auf die Kinder eingegangen? Oder hat sie ihnen wegen ihrer zahlreichen Ungezogenheiten die Leviten gelesen? Meist ist beides nicht recht. Und je nachdem wie nun die Mutter reagiert, relativiert sich das Verhältnis der Kinder zur neuen Partnerin ihres Vaters. Spüren sie Eifersucht und Kummer der Mutter, werden sie sich eher zurückziehen, im Kontakt mit der Stiefmutter auf Distanz gehen. Gibt man ihnen das Gefühl, die Stiefmutter habe gar kein Recht sie zu erziehen, werden sie sich vermutlich beim nächsten Besuch komplett danebenbenehmen und sich allenfalls vom Vater etwas sagen lassen. Es ist also zum großen Teil der ehemalige Partner, der durch sein Verhalten bestimmt, ob die Stiefmutter von den Kindern akzeptiert wird oder nicht.

- Die neue Partnerin liebt zwar den Vater, die Kinder aber nicht zwingend. Bestenfalls findet sie die Kleinen süß oder hinreißend, schlimmstenfalls gehen sie ihr gehörig auf die Nerven. Sie muss ihre neue Liebe mit den Kindern teilen, Zeit opfern, möglicherweise das Wochenende ohne ihren Partner verbringen. Leben sie und der Vater bereits in einer Wohnung, ist sie dafür zuständig, dass es den Kindern während des Besuchs gutgeht. Während er mit den Kindern spielt und Ausflüge unternimmt, ist sie meist für die praktischen Dinge des Lebens zuständig: Die Kinderbetten müssen bezogen werden, das Lieblingsessen wird eingekauft und im Kühlschrank werden Milch und Apfelsaft gestapelt. Hat eine Stiefmutter selbst keine Kinder, muss sie sich an ihre neue Rolle erst langsam herantasten. Hin und wieder wird die Frage auftauchen, ob sie sich das Leben mit diesem Mann tatsächlich so vorgestellt hatte.
- Da die Stiefmutter mit den Kindern selten etwas allein unternehmen wird, kann sich nur schwer eine eigenständige Beziehung zwischen ihnen entwickeln. In den Augen der Kinder ist sie besonders am Anfang Konkurrenz zur Mutter und Letzterer gegenüber verhalten sie sich loyal. Die Kinder werden immer auf der Seite ihrer leiblichen Mutter stehen.

Diese tiefe Bindung ist allein durch die Existenz einer Stiefmutter nicht gefährdet.

- Wie die Rolle der Stiefmutter im Detail aussieht, hängt stark von der Vorgeschichte des Partners ab. Ist er geschieden, getrennt oder verwitwet, ein nicht ehelicher Vater oder ein Adoptivvater? Wie ist das Sorgerecht nach einer Scheidung geregelt? Wie sieht seine Beziehung zur Mutter der Kinder aus? Ist das Verhältnis eher ge- oder entspannt? Hat er noch Kontakt zu seinen Schwiegereltern? Viele Fragen, denen sich eine Stiefmutter gegenübersieht und die sie nicht außer Acht lassen darf. Denn sie muss ihre Rolle und Aufgaben an diesen Gegebenheiten ausrichten.
- Ist der gebrauchte Prinz geschieden, muss jede Stiefmutter wissen und akzeptieren, dass ihr neuer Partner, seine Exfrau und vor allem die Kinder unter der Scheidung gelitten haben. Oft sind die Folgen für die Kinder traumatisch, manche beginnen nach der Trennung der Eltern einzunässen, andere haben extreme Leistungsabbrüche in der Schule. Eine Stiefmutter muss sich von der Illusion verabschieden, in eine harmonische Familiensituation hineinzukommen. In der Regel wird das Gegenteil der Fall sein. Denn gerade am Anfang verstärkt die Existenz einer neuen Partnerin die ohnehin vorhandenen Unsicherheiten und Aggressionen auf Seiten der Kinder.
- Als Stiefmutter hat eine Frau keine gemeinsame Geschichte mit den Kindern. Die Basis für eine tragfähige Beziehung muss erst noch geschaffen werden. Es gibt keine Erinnerungen an früher, keine schönen Erlebnisse, die man auf Fotos festgehalten und in Alben geklebt hat. Man war nicht

zusammen in Urlaub, hat die Kinder nicht gepflegt, wenn sie krank waren, ihnen keine Gutenachtgeschichten erzählt und sie nicht getröstet, wenn sie schlecht geträumt hatten. Eine Stiefmutter tritt völlig unvorbereitet in das Leben der Kinder und kann daher nicht erwarten, dass sich innerhalb kurzer Zeit eine Art Zweitfamilie entwickelt. Stiefmütter müssen sich und auch den anderen Zeit geben, sich an die neue Situation zu gewöhnen. Wie viel Zeit das sein wird, hängt auch davon ab, wie sich die anderen Familienmitglieder zu ihr stellen.

- Als neue Liebe eines gebrauchten Prinzen sollte man es aushalten können, auch mal wie ein Zuschauer am Rand des Geschehens zu stehen und unbeteiligt zu bleiben. Dazu gehören vor allem Aktionen, die ein Vater mit seinen Kindern unternimmt, während seine neue Partnerin zu Hause bleibt oder sich mit Freunden trifft. Es gibt Momente, da ist die Stiefmutter vorübergehend aus der Kernfamilie ausgeschlossen. Viele Frauen empfinden das wie einen Stich ins Herz, aber es gehört sozusagen zur Arbeitsplatzbeschreibung einer Stiefmutter, diese Sonderunternehmungen tolerieren zu können. Er will mit den Kindern allein in den Zoo? Kein Problem. Selbst ein längerer Ausflug mit Übernachtung muss drin sein, ohne dass eine Stiefmutter sich als überflüssig und ungeliebt empfindet.
- In der Ursprungsfamilie haben sich Regeln und Normen, Rituale und Verhaltensmuster entwickelt, die die Stiefmutter nicht kennt. Dieses Netz ist wichtig für die Kinder, deshalb sollte sie auch nicht versuchen, es zu ändern. Dass für den eigenen Umgang mit den Kindern eigene Regeln gelten, ist

klar. Und diese können auch aktiv von ihr festgelegt werden. Alle früheren Rituale dagegen sollten unberührt bleiben und auch nicht negativ kommentiert werden. Die Kinder wollen grundsätzlich nach dem Zubettgehen noch einen Schluck Wasser trinken, etwas erzählen oder am Rücken gekratzt werden? Augen zu und durch. Das sind kleine Marotten, die manchmal nerven, aber dennoch ihren Sinn haben.

Der Job der Stiefmutter ist höchst anspruchsvoll und bringt meist nur wenige Erfolgserlebnisse mit sich. Vor allem Frauen, die selbst keine Kinder und sich auf ihren Beruf konzentriert haben, bis eines schönen Tages ein gebrauchter Prinz in ihr Leben getreten ist, fühlen sich vom Umgang mit seiner Familie schnell überfordert. Denn hier hat sie es nicht mit den Regeln des Managements zu tun, sondern mit einem Wust an Gefühlen, der schon für einen Psychologen, und damit einen Beziehungs-Profi, schwer zu entwirren ist. Als Laie stehen Frauen oft ratlos vor dieser Herausforderung.

Selbstschutz gehört daher zu den wichtigsten Übungen. Stiefmüttern und solchen, die es werden wollen, sei es wärmstens empfohlen, ihre eigenen Interessen, ihre eigenen Rückzugsmöglichkeiten intensiv zu pflegen. Freunde, Hobbys, aber vor allem der Beruf sind Lebensbereiche, die von der Familie des gebrauchten Prinzen unabhängig sind und der Stiefmutter damit ihre Eigenständigkeit zurückgeben. Jede Stiefmutter braucht diese kleinen Fluchten, die nur ihr gehören und wo sie, unbelastet vom komplizierten Netzwerk ihrer neuen Familie, endlich wieder eins sein kann: ausschließlich sie selbst.

Hänsel und Gretel sind ganz schön clever

Zickenalarm im Paradies – das dürfte manche Frau empfinden, die einen Mann mit Anhang liebt. Nach Angaben des Deutschen Jugendinstituts in München leben rund 1,5 Millionen Kinder in Deutschland in Stieffamilien oder so genannten Patchworkfamilien. Jede siebte Familie ist angeblich mittlerweile eine Stieffamilie – mit entweder einer Stiefmutter, einem Stiefvater und ein oder mehreren Stiefgeschwistern. Aber: Mehr als die Hälfte der Patchworkfamilien werden auch wieder geschieden. Und ein nicht unerheblicher Grund dafür sind die Spannungen zwischen Kindern, Stiefmüttern oder -vätern und den neuen Geschwistern.

Nun ist es ja beileibe nicht so, dass Stiefkinder wie Hänsel und Gretel durch den dunklen Wald irren und sich im Knusperhäuschen der bösen Hexe wiederfinden. Im Gegenteil. Kinder können erstaunliche Strategien entwickeln, es den Erwachsenen ganz schön unbequem zu machen. Clever genug sind sie allemal. Und auch wenn manche »Ausraster« und Wutanfälle unbewusst und nicht geplant ablaufen, handelt es sich doch um geschickte Störmanöver, die die Gefühle – und vor allem die Nerven – der Eltern auf die Probe stellen.

Denn bunt zusammengewürfelte Patchworkfamilien werden zwar immer häufiger, dafür aber nicht unbedingt harmonischer. Sie setzen sich peu à peu an die Stelle des herkömmlichen Familienmodells, können sich aber dennoch nur in Ansätzen an diesem orientieren. Durch Scheidung, Trennung oder Tod eines Ehepartners werden Erwachsene und Kinder unvorbereitet mit einer Situation konfrontiert, die sie nicht kennen, für die sie kein Vergleichsmodell haben und mit der sie in den meisten Fällen hoffnungslos überfordert sind.

Die Reaktionen der Kinder sind in vielen Familien ähnlich:

- Sie lehnen die neue Partnerin des Vaters ab und demonstrieren ihre Meinung durch ungezogenes Verhalten. Sie verhalten sich ihr gegenüber patzig und frech, lassen sich nicht lenken und sind für Argumente taub. Kinder können unglaublich stur sein, wenn sie einer Situation ausgesetzt sind, die sie nicht wollen. Aber vieles geschieht auch unbewusst, das Kind kann seine Abwehrreaktionen nicht steuern. Es ist unglücklich über die Scheidung oder Trennung der Eltern, wünscht sich die Familie, in der es aufgewachsen ist, zurück und macht die neue Liebe des Vaters für das Scheitern verantwortlich. Kinder denken nicht rational wie Erwachsene und vor allem durchschauen sie viele Zusammenhänge nicht. Zum Teil, weil die Eltern versäumt haben, mit ihnen kindgerecht, aber offen und ehrlich zu sprechen, zum Teil, weil auch der Blick der Erwachsenen von Emotionen verstellt ist. Die Wut und die Aggression eines Kindes ist in diesem Moment nichts anderes als Hilflosigkeit, mit dem eigenen Kummer und Schmerz über den Verlust, den es erlitten hat, umzugehen. Ein Kind schreit seine Wut heraus – die Stiefmutter interpretiert dies häufig als freches Verhalten und brüllt zurück. Oder verlangt von ihrem Partner, dass er als Vater endlich mal durchgreift. Höchstwahrscheinlich bekommt das Kind jetzt eine Strafe (es gibt kein Eis zum Nachtisch, oder es darf nicht fernsehen), doch das eigentliche Problem ist damit nicht gelöst. Im Gegenteil. Das Unverständnis der Stiefmutter und – schlimmer noch – des Vaters in Kombination mit einer Strafe fördern das Gefühl des Kindes, von allen verlassen zu sein. Manchmal schaukeln sich die Konflikte so auf, dass die Kinder lieber auf den Kontakt zum Vater verzichten.

- Die Kinder spüren einen Loyalitätskonflikt und stellen sich zunächst einmal auf die Seite desjenigen Elternteils, bei dem sie leben. In der Regel ist das die Mutter. Hat der Vater die Familie wegen einer anderen Frau verlassen und haben die Kinder das Leid der Mutter hautnah miterlebt, ist es unwahrscheinlich, dass sie sich mit der neuen Partnerin arrangieren. Sie empfinden sie als Rivalin ihrer Mutter gegenüber, als böse Hexe, die eine glückliche Familie zerstört hat. Dem Vater werfen sie Schwäche und Treulosigkeit vor, so dass auch er oft Probleme hat, Zugang zu ihnen zu finden. Unterstützt die Exfrau diesen Konflikt und fordert von ihren Kindern zusätzliche Solidarität, türmt sich noch mehr Konfliktpotenzial auf. Die Kinder preisen dann ihre Mutter bei jeder sich bietenden Gelegenheit als wahre Heilige, die schöner, klüger, liebevoller ist als die Stiefmutter, deren Essen besser schmeckt, die Puppenkleider nähen, Spiele spielen, Lieder singen kann und überhaupt haushoch über der neuen Liebe des Vaters steht. Kinder haben nicht die geringste Scham, ihre schlechte Meinung über die Stiefmutter auch in der Öffentlichkeit herauszuposaunen, und für Frauen, die ehrlich versuchen, ein gutes Verhältnis zu seinen Kindern zu bekommen, kann das zutiefst verletzend sein.

- Kinder wollen keine zusätzliche Mutter, sie haben ja schon eine. Die Aufforderung des Vaters, seine neue Liebe »Mama« zu nennen und auch als solche zu sehen, ist verschenkte Liebesmüh und führt eher zu Feindseligkeiten. Und je mehr sie davon träumen, die Eltern könnten sich wieder versöhnen, desto widerspenstiger wird ihr Verhalten gegenüber der Stiefmutter. Selbst wenn ein gebrauchter Prinz seine neue Liebe heiratet, wollen Kinder nicht akzeptieren, dass eine Rückkehr zur alten Familie unmöglich ist. Psychologen gehen von einem Zeitraum zwischen einem und zwei Jahren aus, bevor sich die Widerstände gegen die Stiefmutter legen.
- Die Erfahrungen zeigen, dass kleine Kinder sich schneller an die neue Situation gewöhnen als zum Beispiel Schulkinder oder Jugendliche in der Pubertät. Gerade Letztere zeigen ihre Ablehnung manchmal auf extreme Art – sie schwänzen die Schule, arbeiten im Unterricht nicht mehr mit, trinken zu viel Alkohol, kommen in Kontakt mit Drogen oder entwickeln eine Essstörung. Streit, Vorwürfe, Strafen haben meist keinen Sinn, wichtiger ist der Dialog zwischen Eltern und Kindern, mit dem sich aber auch die Erwachsenen, und nicht nur die Jugendlichen, schwertun.

Kinder leiden zwar unter Scheidung und Trennung ihrer Eltern, aber es hat sich auch gezeigt, dass Gefühle wie Schmerz, Trauer und Wut im Lauf der Zeit abnehmen. Eine amerikanische Studie kam schon in den 80er Jahren zu der Erkenntnis, dass die meisten Kinder und Jugendlichen bereits in den ersten zwölf bis 18 Monaten nach der Scheidung der Eltern Abstand gewinnen konnten. Sie distanzierten sich innerlich von der Familienkrise, gewannen ihre alten Freunde zurück und kamen in der Schule wieder auf das gleiche Leistungsniveau wie vor der Trennung.

Selbst wenn die Hoffnung auf Versöhnung auch nach dieser Zeit oft noch nicht vollständig gestorben ist und einige der Kinder immer noch nicht von der Endgültigkeit der Trennung überzeugt sind, entwickeln sie doch erstaunliche Überlebensstrategien. Viele Kinder und Jugendliche werden selbstbewusster und übernehmen mehr Verantwortung als zuvor in der vermeintlich intakten Familie. Übereinstimmend kommen viele Studien zu dem Ergebnis, dass die meisten Kinder aus Scheidungsfamilien sich nach einer Zeit der Irritation normal entwickeln.

Die Erwachsenen, die, im Gegensatz zu den Kindern, am Scheitern der Familie aktiv beteiligt waren, können die positive Entwicklung fördern. Zum Beispiel, indem sie die Konflikte zwischen gebrauchtem Prinz, Exfrau und Stiefmutter nicht vor den Kindern austragen, sondern unter sich und Streit möglichst auf ein Minimum reduzieren. Arbeiten die Eltern auch in Sachen Erziehung zusammen, wird ein guter Grundstein gelegt, dass die Kinder schneller aus ihrem Gefühlslabyrinth herausfinden.

Eine neue Situation ergibt sich, wenn die Kinder aus erster Ehe Geschwister bekommen. Entweder bringt die neue Liebe des Vaters ein Kind (oder mehrere) mit in die Beziehung, oder sie erwartet ein Kind von ihrem gebrauchten Prinzen.

In jedem Fall hat sie jetzt einer kinderlosen Stiefmutter gegenüber ein großes Plus: Da sie selbst Mutter ist (oder demnächst wird), konzentriert sie sich weniger stark auf die

Stiefkinder und wird von diesen auch als weniger bedrohlich erlebt. Diese Mutter will unsere Mutter nicht ersetzen, denken die Kinder, sie hat ja selbst welche.

Durch die Stiefgeschwister entstehen auf einmal ganz neue Familienkonstellationen: Ein Einzelkind hat plötzlich einen Bruder, eine Schwester oder beides. Ein Kind, das als ältestes die meiste Verantwortung in der Ursprungsfamilie übernehmen musste, wird entlastet, weil es in der Patchworkfamilie plötzlich nicht mehr das älteste ist. Und das bisher jüngste verliert durch die Geburt eines Geschwisterchens seine Nesthäkchen-Rolle und damit unter Umständen seine privilegierte Stellung. Auf jeden Fall ergibt sich ein völlig neues Beziehungsgeflecht, das hohe Ansprüche an alle Beteiligten stellt.

Denn die Eltern können keinesfalls davon ausgehen, dass sich alle Kinder auf Anhieb mögen und vertragen. Vermutlich wird es erst einmal zu ein paar heftigen Eifersuchtsszenen und vielen Rivalitäten kommen, bis sich alle aneinander gewöhnt haben. Stiefgeschwister können ein sehr enges Verhältnis zueinander entwickeln, echte Freunde werden und als Heranwachsende sogar eine gewisse erotische Anziehung verspüren.

Doch auch das Gegenteil ist möglich. Gelingt es nicht, die Rivalität der einzelnen Geschwister in einer Patchworkfamilie zu mildern, kann das zu lang anhaltenden Feindseligkeiten führen, die sich bis ins Erwachsenenalter ziehen.

In Sachen Patchworkfamilie ist Geduld für alle Beteiligten ein wichtiger Faktor. Rund fünf Jahre dauert es nämlich, bis eine Stieffamilie richtig zusammengewachsen ist.

Auch der Prinz spielt eine Rolle

Nur gemeinsam sind wir stark – das ist Motto und Voraussetzung in einer Beziehung zu einem gebrauchten Prinzen. Jede Frau, und sei sie noch so taff in ihrem Job, steht auf verlorenem Posten, wenn sie versucht, sich den Problemen eines Mannes mit Vergangenheit allein zu stellen. Sie hat im Gegensatz zu ihm weder Einfluss auf die Exfrau noch auf die Kinder. Doch viele Frauen klagen über die mangelnde Unterstützung seitens ihres Partners und wünschen sich mehr Solidarität, wenn es um Ärger mit der ehemaligen Familie geht.

In einer Stieffamilie sind die Kinder von Anfang an präsent, es gibt im Grunde keine kinderlose Phase, in der ein Paar sich endlos sich selbst widmen kann, um dann mit der Zeit einen Kinderwunsch zu entwickeln. Erziehungspflichten stehen der Sorglosigkeit eines kinderlosen Paares im Weg, und es ist mehr als verständlich, wenn sich eine zweite Frau wünscht, ihr Prinz hätte deutlich weniger Altlasten im Gepäck. Unfreiwillig rutschen die Frauen in einen Alltag, der oft stärker durchorganisiert werden muss als ihnen lieb ist. Nicht die Paarbeziehung steht dabei im Mittelpunkt, sondern die Kinder und ihre Probleme mit der Stiefmutter.

Ohne den Rückhalt durch den Partner sind auch die Energien starker Frauen unter diesen Bedingungen schnell erschöpft. Es ist seine Aufgabe, den Kindern zu vermitteln, dass ihm diese Frau wichtig ist und auch noch so ausgeklügelte Versuche, sie wegzubeißen, nicht funktionieren werden. Dass die Kinder der neuen Beziehung des Vaters kritisch gegenüberstehen, ist klar. Aber es liegt in seiner Hand, ihr Verhalten zu beeinflussen.

Am besten bewährt haben sich Ehrlichkeit und Offenheit. Der gebrauchte Prinz muss seinen Kindern gegenüber Stellung beziehen, wenn es ihm Ernst ist mit seiner neuen Liebe. Ansonsten ist es besser, er trifft die Kinder weiterhin allein. Aber wenn er sie mit seiner Partnerin bekannt macht, dann muss er sich auch schützend vor sie stellen, sollten die Kinder zu kleinen Satansbraten mutieren. Ein Mann, der seine Partnerin in dieser Situation allein lässt und sich mehr schlecht als recht durch die Klippen zu manövrieren versucht, ist keine gute Option für eine dauerhafte Beziehung und schon gar nicht für eine Patchworkfamilie.

Es sind die Erwachsenen, die Klarheit schaffen müssen, nicht die Kinder. Kinder brauchen ein Vorbild, an dem sie sich orientieren können, und dafür eignen sich die Eltern immer noch am besten.

Auch die neue Partnerin hat das Recht auf Klarheit und wird sich gegen Vernebelungstaktiken früher oder später zur Wehr setzen. Schlimmstenfalls riskiert der gebrauchte Prinz das Scheitern der Beziehung. Doch auch die dritte, vierte oder fünfte Liebe kann unter solchen Bedingungen zu Bruch gehen. Kinder haben dann auf jeden Fall eines gelernt: dass sie es sind, die Regie im Leben ihres Vaters führen, egal, wohin das führt.

Strategien für eine schwierige Beziehung

Kinder sind in der Regel diejenigen, die reagieren, Erwachsene jedoch sagen an, was getan wird, und handeln. Deshalb konzentrieren wir uns auf letztere: gebrauchter Prinz, Exfrau, neue Partnerin. Für jeden gelten bestimmte Regeln, und jeder sollte daran denken, was er zum Wohl der Kinder, der neuen Beziehung und für einen guten Kontakt der Expartner miteinander tun kann.

- ***Zuverlässigkeit.*** Gerade wenn Kinder im Spiel sind, müssen sich die Erwachsenen um größtmögliche Verlässlichkeit bemühen. Konkret heißt das, Vereinbarungen, zum Beispiel in Sachen Wochenendbesuche, müssen eingehalten werden. Es kommt immer wieder vor, dass der Vater entweder kurzfristig einen Besuch absagt, das Wochenende, das die Kinder eigentlich bei ihm verbringen sollten, cancelt oder die angekündigte Abenteuerwanderung ersatzlos ausfallen lässt. Auch Exfrauen sind oft nicht zuverlässig. Die Kinder werden mit erheblicher Verspätung zum vereinbarten Treffpunkt gebracht, oder die Mutter kippt ihrerseits den Urlaub mit Papa und der neuen Freundin. Die Erwachsenen sollten sich immer wieder vor Augen führen, dass die Kinder ohnehin schon verunsichert sind und jetzt einen klar abgesteckten Rahmen brauchen, um sich neu orientieren zu können. Zuverlässigkeit ist deshalb das A und O für eine Stieffamilie und alle, die es werden wollen.

- ***Verständnis.*** In diesem Dreieck aus Expartnerin, neuer Liebe und Mann mit Vergangenheit sind alle gefordert, für die Nöte und Sorgen des jeweils anderen wenigstens ein Minimum an Verständnis aufzubringen. Das ist umso schwieriger, wenn der Scheidung eine Schmutzschlacht und ein Rosenkrieg vorausgegangen sind. Je mehr sich das getrennte Paar gefetzt hat, desto größer sind die Rachegefühle und Verbitterung. Wer jetzt die Stimmung weiter anheizt, schadet den Kindern und sich selbst.
  Was gar nicht geht: Die Kinder mit in den Konflikt hineinziehen und vor ihren Ohren den anderen oder die neue Partnerin schlechtmachen. Auch wenn das leider immer wieder passiert – es erschwert die Aussöhnung und Verständigung und damit die positive Entwicklung der Kinder nach der Scheidung.
- ***Geduld.*** Stieffamilien haben nun mal keine Vergangenheit, die sie miteinander erlebt haben, und es dauert Jahre, bis sich in Ansätze so etwas wie eine gemeinsame Geschichte herausbildet. Die Beziehungen zwischen den einzelnen Mitgliedern müssen erst wachsen, Geschwisterrollen müssen sich entwickeln, Verletzungen heilen. Wer mit seiner neuen Liebe schnell in eine glückliche Zukunft starten will, vergisst, dass er als Mann mit Vergangenheit nicht mehr bei null anfangen kann. Das, was war, lässt sich nicht ungeschehen machen und wird immer Teil seines Lebens sein.
- ***Großzügigkeit.*** An die Adresse der Stiefmutter geht die Forderung, das Verhalten und selbst die Auffälligkeiten seiner Kinder zu ertragen und nicht kleinlich aufzurechnen, wann eines der Kinder sich welche Frechheit geleistet hat. An den ge-

brauchten Prinzen, seiner Partnerin nicht zu viele Erwartungen aufzubürden, die sie nicht erfüllen kann. Und an die Exfrau, zu akzeptieren, dass die Kinder Kontakt zum Vater brauchen, selbst wenn sie dort auf seine neue Liebe treffen.

- ***Toleranz.*** Es klingt einfach, ist aber ungeheuer schwer. Keiner will sich den Vorwurf gefallen lassen, er sei intolerant, trotzdem benehmen wir uns häufig so. Wir regen uns bei der kleinsten Kleinigkeit auf, machen aus Pannen und kleinen Fehlern ein ganzes Beziehungsdrama. Besonders Expartner neigen dann dazu, mit dem Finger auf grundsätzliche Charakterschwächen des anderen zu zeigen. Schwächen, über die man sich schon sein halbes Leben lang aufregt, die der andere während der Ehe nicht abgelegt hat und die jetzt umso nachdrücklicher in Erscheinung treten.
  Aber auch in einem so komplizierten und, zumindest am Anfang instabilen, Beziehungsgeflecht wie dem der Stieffamilie entdeckt jeder am anderen Dinge, die ihn stören. Schlechte Angewohnheiten der Kinder, angebliche Streitsucht der Exfrau, Empfindlichkeiten der Neuen und die Tendenz des Partners, den Kopf in den Sand zu stecken. Ohne Toleranz für die jeweiligen Schwächen des anderen erstarrt die Patchworkfamilie in den alten Gewohnheiten – und läuft Gefahr, genau die Fehler zu wiederholen, die schon der ersten Ehe zum Verhängnis wurden.
- ***Gesprächsbereitschaft.*** Zugegeben, in den seltensten Fällen können Exfrau und neue Partnerin vernünftig wie zwei erwachsene Menschen miteinander reden. Von einer eigenständigen Beziehung oder einer Freundschaft wollen wir hier

gar nicht reden. Es gibt Paare, die schaffen es mit großer Herzenswärme, alle früheren und jetzigen Familienmitglieder an einen Tisch zu holen. Im Grunde ist dies der Idealfall für die Kinder. Sie spüren keine Rivalitäten zwischen den Erwachsenen, bekommen von der Mutter sozusagen die Erlaubnis, auch die zweite Frau des Vaters zu mögen. Für viele Expaare ist das allerdings zu viel verlangt. Sie sollten jedoch zumindest in der Lage sein, jederzeit rational über Sachfragen, vor allem aber über alles, was die Kinder angeht, zu diskutieren. Wichtig ist dabei, dass die Erwachsenen direkt miteinander sprechen und nicht die Kinder als Zwischenträger benutzen.

- ***Zurückhaltung.*** Das bezieht sich insbesondere auf jegliche Einmischung in die neue Partnerschaft des Exmannes. Sei es durch Manipulation der Kinder, ständiges »Hineinregieren« in die neue Beziehung oder durch ständige neue Geldforderungen. Zurückhaltung ist aber auch angesagt, wenn es um die Erziehung der Kinder geht. Jede neue Partnerin muss akzeptieren, dass die Mutter die Erziehung übernimmt und dafür auch verantwortlich ist. Es bringt nur Unfrieden in die Stieffamilie, wenn zwei Frauen sich um die Erziehungskompetenzen streiten. In der Regel verliert die neue Liebe, denn die Kinder orientieren sich selbstverständlich an ihren leiblichen Eltern. Erst, wenn eine gute und liebevolle Beziehung zwischen seinen Kindern und seiner neuen Partnerin entstanden ist, kann sie – ganz vorsichtig – auch die eine oder andere Erziehungsfrage ansprechen.
- ***Akzeptanz.*** Die neue Familiensituation anzuerkennen, ist ein ganz besonders schwerer Schritt, den viele erst nach Jahren

gehen können. Sowohl die Kinder als auch der verlassene Partner – nehmen wir an, dass es sich um die Exfrau handelt – würden am liebsten den Urzustand wiederherstellen und die neue Frau an seiner Seite zum Teufel jagen. Die Situation zu akzeptieren gelingt leichter, wenn man es schafft, sich auf sein eigenes Leben und einen neuen Start zu konzentrieren. Dazu muss zuvor allerdings Trauerarbeit geleistet werden, um die Hoffnungen auf eine Rückkehr des Expartners endgültig begraben zu können.

- ***Gelassenheit.*** Einer der größten Fehler, den ein Mann mit Vergangenheit machen kann, ist, eine Stieffamilie mit der alten oder der von Freunden zu vergleichen. Selbstverständlich ist vieles nicht perfekt und vermutlich regiert öfter das Chaos, als es den Beteiligten lieb ist. Deshalb gehört Gelassenheit neben Geduld zu den wichtigsten Voraussetzungen für eine harmonische Stieffamilie. Anders als in gewachsenen Familienstrukturen schlagen hier die Wogen oft hoch, es gibt Wutausbrüche, Tränen, Enttäuschungen und ganz bestimmt diverse laute Streitereien. Das bedeutet aber noch lange nicht, dass eine Stieffamilie keine Chance hat. Entscheidend ist, dass man die eigenen Ansprüche herunterschraubt und das Tohuwabohu gelassen abwartet.
- ***Verhandlungsbereitschaft.*** Zu jedem Familienleben gehört eine Portion diplomatisches Geschick, aber in Stieffamilien sollte diese Portion besonders groß sein. Leider zeigt sich immer wieder, dass selbst Männer, die sich im Job durch geschicktes Taktieren auszeichnen, zu Hause komplett versagen. Während sie im Beruf bereit sind, Kompromisse zu finden, Standpunkte zu erläutern und sich entsprechend anzunähern,

verhalten sich dieselben Männer in ihrer Familie völlig uneinsichtig. Sie verhandeln nicht, sie befehlen. Ihren Kindern, ihrer Exfrau und eventuell der neuen Liebe. Nur lassen sich Gefühle eben nicht anordnen. Und je mehr sie mit der Faust auf den Tisch hauen und von allen Seiten Gehorsam verlangen, umso größer wird der Widerstand.
Selbstverständlich muss die Bereitschaft zu Verhandlungen auch von der Exfrau sowie der neuen Liebe kommen ja, selbst die Kinder sollten mit sich reden lassen, es sei denn, sie sind noch im Kleinkindalter.

- ***Selbstkritik.*** Ein ganz schwieriger Punkt, denn wer ist schon wirklich fähig zur Selbstkritik? Die Fehler der anderen liegen irgendwie immer auf der Hand. Und die eigenen? Die sieht man meist gar nicht. Aber eine Stieffamilie wie im übrigen jede andere Familie auch funktioniert umso besser, je mehr die Erwachsenen in der Lage sind, über ihr eigenes Verhalten nachzudenken. Wer sich für unfehlbar hält, macht es den anderen Familienmitgliedern schwer, berechtigte Wünsche zu äußern und Dinge anzusprechen, die sie stören. Grundsätzlich gilt: Jeder, der Teil eines neuen Familiengebildes wird, macht Fehler. Und dazu hat er auch das Recht. Nur einsehen sollte man sie können.
- ***Mut zur Versöhnung.*** Der Psychotherapeut Bert Hellinger führt in seiner Familienaufstellung den Menschen plastisch vor Augen, dass auch ehemalige Mitglieder einer Familie ihren Platz in diesem Gefüge haben. Das bedeutet: Kinder tragen sowohl ihre Mutter als auch ihren Vater im Herzen, auch wenn einer von beiden das gar nicht so gerne hört. Es ist nicht einfach, seine eigenen Verlustängste, seine Eifersucht,

seine Vorbehalte über Bord zu werfen und sich mit der Vergangenheit auszusöhnen. Aber nur, wenn das gelingt, hat eine Stieffamilie dieselben Chancen wie jede andere Familie auch.

V. Protokolle. Frauen und ihre Liebe zu einem gebrauchten Prinzen

1. *»Manchmal sind mir seine Kinder einfach zu viel.«*

Ilka, 42, verheiratet mit Christian. Ilka hatte mehrere Beziehungen hinter sich, als sie Christian traf. Eine davon zu einem charakterlich komplizierten, wesentlich älteren Mann, die sie viel Kraft gekostet hat. Christian, geschieden und Vater von zwei Töchtern, Lucie, 12, und Lena, 14, ist ein Jahr älter als Ilka. Er war zehn Jahre lang mit Claudia verheiratet, hatte mehrere kurze Beziehungen, bevor er Ilka kennenlernte. Die beiden sind seit einem halben Jahr verheiratet.

»Es gibt eigentlich keinen Grund zum Klagen, denn in unserer Ehe läuft alles bestens, und auch beruflich geht es uns so gut wie lange nicht mehr. Christian und ich verstehen uns wunderbar, wir haben dieselben Interessen, gehen oft aus, sind mit Freunden zusammen. Neulich haben wir beide einen Motorboot-Führerschein gemacht, weil wir im nächsten Urlaub gern die Müritz erkunden und vielleicht sogar mit einem geliehenen Boot bis nach Berlin schippern wollen. Ich würde fast sagen, unsere Beziehung ist perfekt. Aber leider gibt es dann doch immer wieder Streit, und der Grund dafür sind Christians Töchter.

Die beiden Mädchen leben bei ihrer Mutter, Christians Exfrau. Nun sind die beiden sowieso in einem schwierigen Alter, aber man kann sich nicht vorstellen, wie viel Ärger ständig aus dieser Ecke in unser Leben gebracht wird. Ihre Leistungen in der Schule sind schlecht, Lena, die ältere, schwänzt häufig den Unterricht. Ihre Versetzung steht auf der Kippe, und Lucies Zensuren sind ebenfalls unterirdisch.

Vor kurzem rief die Schule an und bat um ein ernstes Gespräch. Christian hat sich sofort mit Claudia, seiner Exfrau, in Kontakt gesetzt, als er davon hörte, um bei diesem Termin dabei sein zu können. Er wollte gerne einen gemeinsamen Termin bei der Klassenlehrerin. Doch Claudias Reaktion: abwiegeln – wie immer. ›Du kümmerst dich ja sonst auch nicht um die Erziehung deiner Töchter.‹ ›Soll ich jetzt etwa schuld sein, dass die beiden in der Schule absacken?‹ ›Ich regele das schon, damals, als du einfach gegangen bist, waren dir die Mädchen ja auch egal.‹

Immer läuft es in den Gesprächen mit Claudia auf dasselbe hinaus: Sie kann es Christian einfach nicht verzeihen, dass er es war, der die Beziehung beendet hat. Dass er die Familie verlassen hat. Obwohl die beiden schon seit Jahren geschieden sind, glaubt Claudia weiterhin, dass sie noch verheiratet wären, wenn Christian damals nicht Hals über Kopf alles stehen und liegen gelassen hätte, um blind vor Liebe zu einer anderen Frau zu ziehen.

Die Trennung ist damals tatsächlich von ihm ausgegangen. Mit mir hatte das aber nichts zu tun, ich habe Christian zu der Zeit noch gar nicht gekannt. Er hatte eine Affäre, die den Ausschlag zur Trennung gab. Die Ursache war aber letztlich eine ganz andere. Claudia will das bloß nicht wahrhaben.

Die Ehe der beiden war längst am Ende, als Christian ging.

Aber bei Claudia sitzt da bis heute ganz tief in ihrer Seele ein schmerzender Stachel, obwohl auch sie längst einen neuen Lebenspartner gefunden hat. Christian hat ihr damals sicher sehr weh getan, aber das rechtfertigt noch lange nicht ihr heutiges Verhalten.

Wenn es um die Kinder geht, steckt sie einfach den Kopf in den Sand. Sie will nicht sehen, wie brenzlig die Situation ist. Die Mädchen laufen total aus dem Ruder, und ich fürchte, dass Lena irgendwann das Gymnasium verlassen muss. Wenn sie so weitermacht, wird sie wohl kaum versetzt werden. Ich habe neulich in ihre Schultasche geschaut und eine Englischarbeit gefunden, die sie angeblich noch nicht zurückbekommen hatte. Eine glatte Sechs. Selbstverständlich hatte ich kein Recht, in Lenas Schultasche herumzuschnüffeln, aber ich mache mir eben große Sorgen über die Zukunft der Kinder. Und natürlich belastet das alles auch unsere Ehe.

Christian hat keine Lust, dauernd über seine Töchter zu sprechen, er ist der Meinung, die Erziehung sei Claudias Sache. Als die Schule aber dann neulich anrief, hat ihn das ziemlich erschüttert, nicht im Traum hatte er damit gerechnet, dass eine seiner Töchter den Unterricht schwänzt. Er hat dann auch mit der Klassenlehrerin gesprochen, aber an der grundsätzlichen Situation ändert das letztlich nichts.

Ich habe Lena angeboten, mit ihr Englisch zu üben, was sie auch zunächst angenommen hat. Doch die Sache ist im Sande verlaufen. Ich bin inzwischen ratlos, weil ich keinen Zugang zu den beiden Mädchen finde. Natürlich ist ihre Erziehung nicht meine Verantwortlichkeit, aber ich kann doch nicht einfach ignorieren, was um mich herum passiert. Soll ich zusehen und schweigen, wenn Lena sich ihre Schullaufbahn verbaut? Womöglich ist davon sogar ihre berufliche Karriere betroffen. Wenn jetzt die Weichen schon falsch gestellt werden, ist es hinterher vielleicht zu spät.

Außerdem entwickelt sich das Thema Kinder mehr und mehr zu einem Streitpunkt zwischen Christian und mir. Wenn wir aneinandergeraten, dann immer nur aus diesem Grund. Das Verhältnis zwischen Christians Töchtern und mir war noch nie einfach und unbeschwert, aber so große Probleme wie zurzeit hatten wir am Anfang nicht.

Gott sei Dank hatten wir noch nie vor, noch ein gemeinsames Kind zu bekommen, sonst würde unsere Beziehung sicherlich zusätzlich belastet. Ich sehe doch, wie genervt Christian in letzter Zeit reagiert. Am liebsten wäre es ihm, wir würden gar nicht mehr über das Thema sprechen, aber ich glaube nicht, dass die Situation dadurch besser wird.

Schließlich sind die Mädchen alle 14 Tage am Wochenende bei uns und tragen dann ihre ganzen Schwierigkeiten in unsere Partnerschaft. Alle zwei Wochen habe ich von Freitag bis Sonntag zwei schlechtgelaunte Pubertierende am Tisch sitzen. Egal, was ich koche, sie mögen es nicht. Ich weiß, dass man sich bei Jugendlichen in dem Alter nicht über Äußerlichkeiten aufregen soll, aber ich finde, sie könnten sich ruhig mal die bunten Faschingssträhnen aus den Haaren waschen. Lena stinkt nach Zigaretten und Lucie stopft sich mit Schokolade voll. Das Kind ist schon jetzt zu dick und todunglücklich. Früher waren sie wohl beide beim Ballett, behauptet jedenfalls Christian. Wenn man sie jetzt so sieht, mag man das kaum glauben. Aber immer, wenn ich vorschlage, dass sie doch irgendeine Sportart machen könnten, verdrehen sie nur genervt die Augen. Es klingt schrecklich, aber manchmal schäme ich mich, wenn wir mit den beiden essen gehen. Verschlampt wie sie aussehen, mag ich eigentlich gar nicht draußen mit ihnen gesehen werden.

Als ich Christian kennenlernte, hätte ich nie gedacht, dass seine Töchter einmal eine solche Belastung für unsere Beziehung werden könnten. Ich sehe zwar, dass er auch darunter leidet, aber auf der anderen Seite habe ich auch das Gefühl, dass er nicht nachdrücklich etwas dagegen unternimmt. Meiner Meinung nach müsste er Claudia endlich klarmachen, dass sie konsequenter sein muss und den Mädchen nicht alles durchgehen lassen darf. Christian hatte zum Beispiel mit seiner Exfrau vereinbart, dass Lena eine Woche Hausarrest zur Strafe für ihr Schuleschwänzen bekommt, doch als ich einen Tag später abends nach Hause kam, sah ich sie mit ein paar Freundinnen an einem Kiosk herumlungern. Auf mein Drängen hin hat Christian bei Claudia nachgehakt, aber nur wieder ihren Standardspruch zu hören bekommen: ›Was soll ich denn machen? Lena hört eben nicht auf mich.‹

Hallo? Was ist das denn für eine Antwort. Wenn die Situation schon *so* verfahren ist, muss sie vielleicht mal einen Profi hinzuziehen. Einen Erziehungsberater oder einen Psychologen. Aber davon will sie nichts wissen, und auch bei Christian stoße ich mit diesem Vorschlag auf taube Ohren. Solche Probleme regele man innerhalb der Familie, meint er. Man renne nicht gleich zu einem Seelenklempner. Ich halte diese Einstellung für grundfalsch, meine Überzeugung ist: Wenn man selbst nicht mehr weiterkommt, sucht man sich die Hilfe eines Fachmanns. Ich verlege ja auch keine elektrische Leitung selbst. Aber wenn die

Kinder sich zu einem Problemfall entwickeln, doktert man selbst herum. Das ist doch wohl der größte Unsinn und in meinen Augen absolut verantwortungslos. Aber in diesem Punkt liegen unsere Ansichten Lichtjahre auseinander.

Werden die ständigen Meinungsverschiedenheiten um seine Töchter irgendwann unsere Ehe gefährden? Ich will nichts dramatisieren, und ich bin überzeugt, unsere Beziehung ist stark genug, um diese und andere Krisen zu überstehen. Aber ich wünsche mir, Christian würde mehr auf meine Sorgen und Ängste eingehen, statt immer nur verärgert zu reagieren. Ich mache ihm ja keine Vorwürfe, aber offenbar empfindet er meine Einwände als Einmischung, um die er nicht gebeten hat.

Dabei mutet er mir wie selbstverständlich zu, dass ich Lena und Lucie jedes zweite Wochenende ertrage und mir ihre Ungezogenheiten anhöre. Ich versuche schon, über eine ganze Menge wegzusehen, aber schließlich bin ich es, die immer hinter ihnen herräumt, die sich Gedanken macht, wie wir das Wochenende gestalten könnten. Ich bin es, die Kinokarten bestellt oder einen Ausflug plant, auf den die beiden dann doch keine Lust haben. Am liebsten hocken sie Kaugummi kauend mit ihrem iPod in ihren Zimmern und hören Musik.

Wahrscheinlich klinge ich wie eine schreckliche Stiefmutter, die ich ja gar nicht bin, weil Lena und Lucie nicht bei uns leben. Dabei wünsche ich mir doch nur, dass Christian mit seinen Kindern glücklich ist und wir alle miteinander gut auskommen. Aber das ist wohl der Traum von einer perfekten Patchworkfamilie, die wir eben nicht haben und wohl auch nicht bekommen werden.

Für Claudia sind die Mädchen natürlich das ideale Druckmittel, das sie gegen Christian in der Hand hat. Im Grunde vermittelt sie ihm das Gefühl: Sieh her, das hast du nun davon, dass du uns verlassen hast. Deine Schuld, dass deine Töchter Probleme in der Schule haben. Sie macht ihm permanent ein schlechtes Gewissen, sorgt dafür, dass er sich in seiner Vaterrolle als Versager fühlt.

Seine Töchter wollte Christian nie aufgeben, allerdings fand er es eine gute und sinnvolle Lösung, dass die Kinder bei der Mutter bleiben. Wie hätte er sich um die beiden auch kümmern sollen? Immerhin ist er voll berufstätig und Claudia war damals, als Lena geboren wurde, aus ihrem Job ausgestiegen.

Christian hat zwar seine Frau und damit die Mutter verlassen, aber nicht seine Kinder, doch Claudia hat von Anfang an beides miteinander vermischt. Sie hat an Christian kein gutes Haar gelassen, und an mir auch nicht, obwohl ich mit dem Scheitern der Ehe nichts zu tun hatte. Ich nehme ihr dieses Verhalten übel und kann ihr mittlerweile auch nicht mehr zugutehalten, dass sie sicherlich bis ins Mark getroffen war, als sie von der Affäre ihres Mannes erfuhr. Aber irgendwann muss man die Vergangenheit begraben. Und gemeinsam einen neuen Weg finden. Es geht doch in erster Linie um das Wohl der Kinder.

Christian ist meine große Liebe. Seine erste Ehe empfand ich am Anfang nicht als Belastung. Aber mit den Schwierigkeiten, die uns die Kinder machen, wächst mir manchmal alles über den Kopf. Ich wünsche mir dann, dass wir, wie andere, die Chance gehabt hätten, gemeinsam bei null anzufangen und uns eine Zukunft, die wir beide gestalten, aufzubauen. Aber dadurch, dass Christian ja bereits eine Familie hat, müssen wir uns ständig auch mit dieser Erstfamilie auseinandersetzen. Wenn ich ehrlich bin, sind mir seine Kinder manchmal einfach zu viel. Dieses Genörgel, das kapriziöse Gehabe und die gelangweilten Gesichter gehen mir ziemlich auf die Nerven. Ich muss gestehen, ich habe mir das Zusammenleben mit einem geschiedenen Mann nicht leicht vorgestellt, aber dass die Vergangenheit so in mein eigenes Leben eindringt, habe ich nicht gedacht.

Vielleicht war ich damals naiv, als ich glaubte, ich könnte mit dem nötigen Verständnis für die Situation der Kinder vieles ausgleichen und vielleicht sogar zwischen Christian und seinen Töchtern vermitteln. Inzwischen habe ich einsehen müssen, dass das nicht möglich ist. Wenn es um Gefühle und Verletzungen geht, ist eben doch alles viel komplizierter.

Deshalb nehme ich die Mädchen auch nicht mehr so wichtig. Ich hoffe, dass sie mit den Jahren vernünftiger werden und sich vieles mit dem Ende der Pubertät wieder normalisiert. Christian und ich nutzen die Zeit, die wir für uns haben, jetzt besonders intensiv. Es kommt auch vor, dass wir spontan ein paar Tage verreisen, wenn seine Töchter Lust haben mitzukommen, ist das in Ordnung, sonst fahren wir eben allein. Neulich zum Beispiel sind für wir ein paar Tage nach Paris geflogen. Billigtickets. Lena und Lucie hatten kein Interesse. Gut, haben wir gesagt, dann bleibt zu Hause bei eurer Mutter, dann fällt das Wochenende bei uns aus. Für Christian und mich waren die vier Tage Paris eine wunderschöne Zeit. Und wir haben beschlossen: Das werden wir jetzt öfter machen.«

2. »Mag ja sein, dass sich manche Patchworkfamilien gut verstehen. Ich habe bisher nur schlechte Erfahrungen gemacht.«

Heike ist seit fünf Jahren mit Martin verheiratet. Martin ist zweimal geschieden, er hat aus zweiter Ehe einen Sohn, Tobias, 16, und eine Tochter, Katharina, 12. Die gemeinsame Tochter von Heike und Martin, Sophie, ist sieben Jahre alt. Martins Exfrau aus zweiter Ehe, Alice, korrespondiert ausschließlich über ihren Anwalt. Tobias und Katharina leben bei ihr. Mit seiner ersten Frau hat Martin keinen Kontakt mehr. Die beiden sind schon seit langem geschieden, es war eine überstürzte Liebesheirat, die sich schon bald als Fehler entpuppt hatte. Die beiden hatten sich einvernehmlich getrennt.

»Schön, dass ich an dieser Stelle mal meine Meinung sagen kann, denn sonst bleibt einem ja höchstens die beste Freundin oder ein Internetforum, um den Frust loszuwerden. Durch die Reform des Unterhaltsrechts ist ja wieder Bewegung in die Diskussion gekommen, endlich haben die Politiker gemerkt, dass das Scheidungsrecht, so wie es in den letzten Jahrzehnten praktiziert worden ist, überholt ist. Wie sehr sollen geschiedene Männer denn noch bluten? Was mit uns Zweit- oder Drittfrauen passiert, ist ebenfalls eine schreiende Ungerechtigkeit. Bisher richtet sich einfach alles nach der ersten Familie. Egal, wie knapp das Geld in der neuen Familie wird, die Unterhaltszahlungen an die erste gehen immer vor. Du kannst es dir nicht leisten, auf einen Teilzeitjob umzusteigen, musst Vollzeit arbeiten, obwohl du kleine Kinder hast? Dein Problem. Dafür darf sich die Exfrau auf die faule Haut legen.

Mein Mann ist von seiner zweiten Frau Knall auf Fall verlassen worden. Als er abends aus dem Büro nach Hause kam, lag ein Zettel auf der Fensterbank, die meisten Möbel waren verschwunden, Frau und Kinder auch. Was für ein Schock! Ich wünsche niemandem, dass er ohne ein Wort der Erklärung einfach so stehengelassen wird. Mein Mann hat an jenem Abend alle Verwandte, Freunde und Bekannte angerufen, um zu erfahren, wo seine Frau und die Kinder sind, aber niemand wusste angeblich Bescheid.

Vielleicht hat seine Ex es ja auch wirklich vor allen geheim gehalten – mir ist das egal. Aber Martin hat sich damals gefühlt, als wäre er einer dieser brutalen Ehemänner, vor denen sich die Frauen verstecken müssen. Erst nach Tagen hat sie sich bei ihm gemeldet, er saß in der leergeräumten Wohnung, hat sogar die Polizei informiert, weil er in seinen schlimmsten Träumen Angst hatte, dass den dreien etwas passiert sein könnte.

Zum Glück war das nicht der Fall. Alice hatte sich in aller Heimlichkeit eine neue Wohnung gemietet, den Umzugswagen bestellt und einfach alles umräumen lassen. Als wäre das völlig normal. Martin hatte überhaupt keine Chance, seine Meinung war auch gar nicht gefragt. Die Trennung war bereits beschlossene Sache, bevor er überhaupt davon wusste. Er hat sehr darunter gelitten, und nie verstanden, warum Alice so gehandelt hat, wie sie es getan hat. Sogar den Umgang mit seinen Kindern musste er via Anwalt erkämpfen.

Als Martin und ich uns kennenlernten, lebten er und seine damalige Noch-Ehefrau bereits seit drei Jahren getrennt. Er wollte endlich die Scheidung, aber Alice verzögerte das Verfahren mit allen Mitteln. Sie unterschrieb keine Formulare, erschien nicht zu vereinbarten Terminen, musste vom Anwalt grundsätzlich mehrfach aufgefordert werden, bis sie Briefe oder Fragen beantwortete. Das kann selbst den geduldigsten Menschen zur Weißglut treiben.

Das Einzige, um das sie nicht stritt, war der Hausrat, aber da sie ohnehin die besten und schönsten Sachen mitgenommen hatte, war das auch überflüssig. Sie hatte Martin zwei Kaffeebecher gelassen, einen Topf, ein paar Teller, etwas Besteck und eine Handvoll Gläser. Nur die wertlosen, versteht sich. Die alten Weingläser, die Martin liebevoll auf Flohmärkten zusammengekauft hat, waren natürlich weg. Er hat sie bis heute nicht zurückbekommen.

Martin wusste, dass Alice einen neuen Lebenspartner hatte, aber offiziell lebte sie natürlich allein. Ihr ging es hauptsächlich ums Geld. Um Unterhalt für sich und für die Kinder, um die Hälfte der Eigentumswohnung, um das Ersparte auf dem Konto. Sie hat Martin damals abgezockt, und sie tut es heute immer noch.

Die beiden Kinder sind längst auf dem Gymnasium, sie könnte problemlos einen Halbtagsjob annehmen, aber angeblich hat sie keine Chance mehr auf dem Arbeitsmarkt, weil sie schon zu lange draußen ist. Sie ist Sekretärin, und selbst wenn sie in ihrem alten Beruf keine Stelle findet, gibt es noch eine Menge anderer Möglichkeiten. Eine Freundin von mir hat zum Beispiel nach der Erziehungspause in einem großen Möbelhaus angefangen. Das ist auch nicht das, was sie mal gelernt hat, aber es macht ihr Spaß und sie verdient gut.

Tatsache ist: Alice will gar nicht wieder arbeiten. Warum auch? Sie hat doch Martin, der weiter zahlen muss. Unser Anwalt hat ein paar Mal versucht, dagegen vorzugehen, aber Alice schafft es immer wieder, das Gericht davon zu überzeugen, dass sie ihren Lebensunterhalt nicht selbst verdienen kann.

Für uns bedeutet das natürlich, dass ein Einkommen nicht reicht. Als Sophie auf die Welt kam, habe ich ein halbes Jahr Pause gemacht, mehr war nicht drin. In unserer Nachbarschaft hatten sich mehrere Eltern zusammengeschlossen und privat eine Tagesmutter engagiert. Da haben wir uns eingeklinkt und so konnte ich zumindest halbtags weiterarbeiten. Martin war zu diesem Zeitpunkt immer noch nicht geschieden, wir konnten erst heiraten, als Sophie drei Jahre alt war.

Ich empfinde es als extrem ungerecht, dass der ersten Familie in jeder Hinsicht der Vorzug gegeben wird. Der Familienrichter hat uns das auch ganz klar gesagt: Die erste Ehe geht vor, die neue Ehefrau muss sich mit den Gegebenheiten abfinden. Nach dem Motto: Sie weiß ja, worauf sie sich einlässt, wenn sie einen geschiedenen Mann heiratet.

Natürlich wusste ich, dass Martin getrennt lebt, dass er bereits zwei Kinder hat, für die er auch sorgen muss. Daran will ich auch überhaupt nicht rütteln. Aber dass einer Frau wie Alice vom Gesetzgeber die Möglichkeit gegeben wird, ganz legal auf Kosten eines anderen zu leben, ist ein Skandal. Hoffen wir, dass es durch die Reform des Unterhaltsrechts anders wird und endlich die Kinder in den Vordergrund gerückt werden, auch die aus neuen Partnerschaften. Angeblich sollen die Gerichte in Zukunft darauf dringen, dass Frauen schneller in ihren Beruf zurückgehen und selbst etwas dazuverdienen. Das wird dann beim Unterhalt, der der Exfrau zusteht, angerechnet. Ich weiß nicht, ob uns diese Regelung noch betrifft, Martin ist ja nach altem Unterhaltsrecht geschieden worden. Vermutlich werden wir uns damit abfinden müssen, dass Alice ihr ganzes Leben von Martin Geld bekommt. Denn selbst die Rente wird ja über den Versorgungsausgleich geregelt. Warum also sollte Alice ihren Lebenspartner heiraten? Die beiden würden auf eine Menge Geld verzichten.

Es kostet viel Kraft, nicht verbittert zu reagieren und es vor allem die Kinder nicht spüren zu lassen. Denn Tobias und Katharina können ja nichts dafür. Es ist ihre Mutter, die den Unfrieden in die Familie bringt, die Kinder leiden vermutlich selbst darunter. Tobias zum Beispiel kommt immer seltener zu uns. Früher hat er zusammen mit seiner Schwester jedes zweite Wochenende bei uns verbracht, und Sophie war für die beiden wie eine kleine Schwester. Aber irgendwann ist der Kontakt zu Tobias abgerissen, vielleicht hat er es nicht mehr ertragen, immer Partei ergreifen zu müssen. Seine Mutter fordert viel Loyalität von ihm. Sie kann es nicht zulassen, dass sich Tobias bei uns wohl fühlt. Mit Äußerungen wie ›Na, wenn es dir bei deinem Vater so gut gefällt, kannst du ja umziehen‹, hat sie Tobias immer wieder unter Druck gesetzt. Kein Wunder, dass der Junge keine Lust mehr auf dieses Gezerre hatte.

Der Verzicht auf seinen Sohn fällt Martin unsagbar schwer, aber er hofft, dass Tobias irgendwann, wenn er älter ist, selbst den Kontakt suchen wird. Eines Tages wird er vielleicht das

Verhalten seiner Mutter kritischer sehen können, und er wird stark genug sein, sich gegen sie zu behaupten.

Wir sind glücklich, dass wenigstens Katharina die Beziehung zu ihrem Vater nicht abreißen lässt. Sie kommt nach wie vor jedes zweite Wochenende zu uns und fährt auch 14 Tage im Jahr mit uns in den Urlaub. Katharina und Sophie hängen sehr aneinander, sie sind wirklich wie Schwestern.

All unsere Versuche, den Kindern zuliebe mit Martins Exfrau ein halbwegs normales Verhältnis hinzubekommen, sind gescheitert. Wir haben unser Möglichstes getan, aber es ist zu keiner Verständigung gekommen. Ich bin inzwischen auch nicht mehr bereit, Alice entgegenzukommen und irgendetwas für sie zu tun. Sie ist egoistisch, sie nimmt Martin aus wie eine Weihnachtsgans, und mir bleibt nichts anderes übrig, als zuzuschauen. Nett und freundlich zu ihr zu sein, ist unter diesen Umständen zu viel verlangt.

Unsere Gesetze müssen sich rigoros ändern, damit sich Frauen wie Alice in Zukunft nicht mehr auf den Unterhaltszahlungen des Expartners ausruhen können. Ich habe schon vor Jahren ans Familienministerium geschrieben, aber nie eine Antwort bekommen. Vor Gericht ist man chancenlos. Da geht es immer um die Interessen der ersten Familie. Und seltsamerweise zählt es auch nicht, wenn der eine seinen Partner ohne ein Abschiedswort verlassen und 95 Prozent des Hausrats mitgenommen hat.

In meinen Ohren klingt es zynisch, wenn ein Richter sagt, dass eine Frau, die einen geschiedenen Mann heiratet, ja schließlich weiß, worauf sie sich einlässt. Was auf einen zukommt, weiß man eben nicht, und man rechnet auch nicht damit. Natürlich hat mir Martin gesagt, dass er Unterhalt für seine Kinder zahlt, was ich in Ordnung finde. Aber mir war nicht klar, dass seine Exfrau überhaupt nicht gewillt ist, einen Job anzunehmen, und dass Martins neue Familie, also meine Familie, dadurch erheblich belastet wird. Ich kann mich, im Gegensatz zu Alice, nicht einfach hinsetzen und nichts tun. Selbst wenn ich gerne länger zu Hause geblieben wäre, als Sophie klein war, hätte ich es aus finanziellen Gründen nicht gekonnt.

Das sind die wahren Stolpersteine in einer Beziehung mit einem gebrauchten Mann, und über diese Schwierigkeiten ist man sich am Anfang überhaupt nicht im Klaren. Zu Beginn einer neuen Liebe oder Ehe denkt man im Überschwang der Gefühle, alles für den neuen Partner schaffen zu können. Man überschätzt seine Kraft und Geduld und strapaziert die eigenen Nerven bis zum Zerreißen. Irgendwann ist dann einfach der Akku leer, man kann nicht mehr – und man will auch nicht mehr.

In diesem Moment ist es ungeheuer wichtig, sich wieder neu auf die Partnerschaft zu konzentrieren und den ganzen Frust auszublenden. Wer das nicht schafft, läuft Gefahr, an den vielfältigen Problemen zu zerbrechen.

Uns ist es glücklicherweise gelungen, eine gewisse Gelassenheit zu entwickeln und Martins Ex aus unserer Beziehung herauszuhalten. Zugegeben, es hat Jahre gedauert, aber mittlerweile haben wir gelernt, den Ärger, den ihr Verhalten verursacht, zu einem großen Teil an uns abprallen zu lassen. Dadurch haben wir eine Menge Lebensqualität gewonnen, denn wir reden nicht mehr stundenlang über die leidigen Unterhaltszahlungen oder darüber, was Alice wieder gesagt hat, was sie will oder nicht will. Wir konzentrieren uns auf uns selbst, auf Sophie und – soweit das möglich ist – auf Katharina. Dass es den Kindern und uns gutgeht, das ist wichtig.

Auch das Verhalten von Tobias schmerzt längst nicht mehr so wie noch vor einem Jahr, als sich abzeichnete, dass sich Vater und Sohn immer weiter voneinander entfernen. Damals hat mich das alles so belastet, dass ich auch gesundheitlich in die Knie gegangen bin. Ich hatte ständig Migräne, fühlte mich schlapp und an trüben Tagen war ich richtig depressiv. Medikamente haben kaum geholfen, ich konnte nicht mehr schlafen, hatte tiefe Ringe unter den Augen. Erst eine sechswöchige Kur hat mir geholfen und vor allem die Gesprächstherapie, die ich in dieser Zeit begonnen habe.

Die Therapeutin hat mich dabei unterstützt, einzusehen, dass *ich allein* die Situation nicht ändern kann, dass ich aber auch nicht für sie verantwortlich bin. Es war mein Perfektionismus, an dem ich fast gescheitert wäre. Ich wollte, dass diese zweite Ehe für Martin eine Art Himmel auf Erden werden sollte. So habe ich versucht, all das wiedergutzumachen, was meiner Meinung nach vorher schiefgelaufen ist. Immer wenn wieder ein Schreiben von Alices Anwalt kam und Martin am Boden zerstört war, dachte ich, dass es jetzt meine Aufgabe sei, ihn wieder aufzurichten. Ich habe mich dann abgerackert, ihm einen besonders schönen Abend zu machen, Verständnis zu zeigen, nach Lösungen zu suchen. Ich konnte ihm ja auch helfen, aber nur bis zu einem gewissen Punkt. Die wirklichen Probleme ließen sich natürlich nicht abstellen. Es gelang mir auch nicht, den Ärger mit Alice aus seinem Kopf zu treiben.

Interessanterweise passierte bis zu einem gewissen Grad das genaue Gegenteil von dem, was ich wollte, denn je intensiver ich mich darum bemühte, Martin auf andere Gedanken zu bringen, desto mehr hat Martin auf stur geschaltet. Am Ende ging der Schuss nach hinten los. Wir bekamen Streit miteinander, was uns noch mehr belastet hat.

Dass Martins frühere Familie noch so viel Zeit beanspruchen würde, hatte ich mir nicht klargemacht, als ich Martin geheiratet habe. Und damit meine ich nicht seine Kinder, die sollen ja auch etwas von ihrem Vater haben. Nein, es geht um die vielen Stunden, die wir über seine Ex geredet oder uns geärgert haben. Es sind die Abende, die wir mit Aktenstudium verbracht haben. Die Wochenenden, an denen wir Erziehungsberichte für das Gericht geschrieben haben, und es sind die Nächte, in denen ich nicht schlafen konnte, weil ich darüber nachgegrübelt habe, wie wir das alles schaffen sollen. Auch finanziell.

Wir haben immer versucht, die Kinder aus all dem herauszuhalten. Wir wollten Martins Ex weder vor unserer Tochter Sophie noch vor Katharina in irgendeiner Weise schlechtmachen. Aber man kann seine Gefühle auch nicht immer so steuern wie man vielleicht möchte. Natürlich haben uns die Kinder angemerkt, wenn wir enttäuscht oder verärgert waren. Inzwischen hat es sich gut bewährt, dass es in Hörweite der Kinder zwischen uns und Alice nur noch ein ›Hallo, wie geht es?‹ gibt. Wir haben die Kommunikation auf das Nötigste zurückgefahren.

Wie viel Zeit Martin und ich vergeudet haben, indem wir Abende, die wir für uns hatten, dazu ›nutzten‹, über seine geschiedene Frau, ihren Anwalt und die Schwierigkeiten, die beide uns machen, zu reden, kann ich heute gar nicht mehr sagen.

Zusammengerechnet kommen wahrscheinlich Monate, wenn nicht sogar Jahre dabei heraus. Und das Schlimme ist: Es hat uns nicht weitergebracht. Wir können bis heute an der Situation nichts ändern. Es ist uns nicht gelungen, ein ›normales‹, vernünftiges Miteinander zu schaffen. Martin wird noch über viele Jahre Unterhalt zahlen müssen und ich werde immer einen Fulltimejob brauchen.

Heute weiß ich, wir hätten uns eine schöne Zeit machen und es nicht zulassen sollen, dass Alice so viel Raum in unserem Leben einnimmt. Denn da gehört sie nicht hin. Diese Erkenntnis hätte ich klarer und vor allem früher formulieren sollen. Für meine Nerven und meine Gesundheit wäre es besser gewesen und für unsere Beziehung sowieso. Mein Adrenalinspiegel schießt immer noch nach oben, wenn in der Post ein Brief von Alices Anwalt ist. Jedes Mal denke ich: Was ist jetzt schon wieder los? Aber manchmal sind es ja auch ganz harmlose, sachliche Regelungen. Nur nehme ich in der Zwischenzeit automatisch das Schlimmste an.

Die finanziellen Verpflichtungen – Unterhalt für die Kinder und für Alice – schränken das Familienleben auf viele Jahre ein. Immer, wenn wir gedacht haben, jetzt können wir ein bisschen Luft holen und vielleicht einen größeren Urlaub machen oder Geld in die Wohnung stecken, hielt garantiert Alice die Hand auf.

Wer die Situation selbst noch nicht erlebt hat, denkt jetzt möglicherweise, dass ich übertreibe und Alice einfach nur nicht leiden kann, oder eifersüchtig auf Martins frühere Frau bin. Ich gebe zu: Ich kann sie nicht ausstehen, aber eifersüchtig bin ich nicht. Mir stinkt die ganze Situation.

Aber ich kenne noch ungerechtere Fälle. Meist entscheiden Gerichte ja zugunsten der geschiedenen Frau. In Großstädten mag sich die Situation etwas verändern, aber auf dem Land, wie bei uns, haben Väter keine Chance. Sie müssen zahlen, werden aber an der Erziehung ihrer Kinder kaum beteiligt.

Und die Forderung, dass sich eine geschiedene Frau irgendwann einen Job suchen muss, ist doch eine Farce. Ich habe die Bewerbungsbriefe, die Alice geschrieben hat, mit eigenen Augen gesehen. Sie hat schon im Anschreiben so viele Einschränkungen gemacht, dass keine Firma in Deutschland sie je einstellen wird. Aber damit rechnet sie natürlich. Dann kann sie uns wieder erzählen, dass sie nur Absagen bekommen hat, sie kann die Absagen dem Gericht vorlegen und hat weiter Anspruch auf Unterhalt. So einfach geht das.

Jede Frau, die einen Secondhand-Mann mit Unterhaltsverpflichtungen heiratet, muss wissen, dass sie weiterhin selbständig für ihren Lebensunterhalt sorgen muss. Sie kann es sich gar nicht leisten, aus dem Beruf auszusteigen, um sich um ihre eigenen Kinder zu kümmern. Das klassische Familienmodell funktioniert da nicht mehr. Und ich will damit nicht sagen, dass die traditionelle Rollenaufteilung die beste ist. Aber mit einem Secondhand-Mann hat man gar keine Wahl. Es bleibt einem nur die eine Möglichkeit. Das muss man wissen und damit muss man umgehen können. Sonst wird man auf Dauer unglücklich.

Trotzdem würde ich mich immer wieder für Martin entscheiden. Auch, wenn ich gewusst hätte, was alles auf mich zukommt, wäre er mein Traummann geblieben, und ich hätte ihn mit allen Problemen und Altlasten geheiratet. Denn unsere

Gefühle füreinander haben nichts mit seiner Vergangenheit zu tun. Ich bin nicht mehr so idealistisch wie früher, wenn es um die deutsche Justiz und den gesunden Menschenverstand geht. Es war eine bittere Lektion, die mir da erteilt worden ist. Aber ich habe gelernt, mich auf meine Familie zu konzentrieren, und zumindest zu Martins Tochter Katharina ist eine tiefe Freundschaft entstanden.«

3. »Es hat lange gedauert, aber wir haben uns zusammengerauft.«

Maren, 42, ist seit fünf Jahren mit einem geschiedenen Mann verheiratet. Rolf hat keine Kinder aus erster Ehe. Er hat seiner Exfrau Bettina eine Zeitlang Unterhalt gezahlt. Allerdings nur so lange, bis sie wieder einen Job gefunden hatte. Auch Maren und Rolf sind kinderlos. Gelitten hat Maren vor allem unter Rolfs Familie, die eindeutig Stellung bezogen hat: Für Bettina, gegen Maren.

»Die ersten Jahre waren schwierig, es gab viele Eifersüchteleien, und meine Schwiegereltern haben dabei kräftig mitgeholfen. Rolfs Eltern haben bis zuletzt gehofft, dass die Ehe ihres Sohnes nicht auseinandergeht, Bettina war für sie die ideale Schwiegertochter. Besonders Rolfs Mutter hat sich mit ihr sehr gut verstanden, die beiden sind auch heute noch eng befreundet. Rolf kommt aus einem sehr konservativen Elternhaus, und Bettina entsprach ganz ihren Vorstellungen von einer braven Ehefrau.

Ich war natürlich der Eindringling, die böse Geliebte, die diese perfekte Ehe zerstört hat. Dass die Beziehung zwischen Rolf und Bettina schon lange nicht mehr perfekt war, es vielleicht sogar nie gewesen ist, hat meine Schwiegermutter natürlich nicht interessiert. Sie hat ihrem Sohn – und mir – die Schuld am Scheitern der Ehe gegeben und sich uns gegenüber entsprechend abweisend verhalten. Auf unserer Hochzeit hat sie während der gesamten Trauung demonstrativ geweint – ganz bestimmt nicht aus Rührung.

Für mich bedeutete das ständige Sticheleien, manchmal offene Feindschaft. Eine unerträgliche Situation. Auf Familienfeste wurde natürlich auch Rolfs Exfrau eingeladen, und die ganze Aufmerksamkeit meiner Schwiegereltern drehte sich dann um Bettina. Ich glaube, meine Schwiegermutter musste sich regelrecht zwingen, freundlich zu mir zu sein. Am liebsten hätte sie mir die Tür vor der Nase zugeknallt.

Ich war heilfroh, dass Rolf und Bettina keine Kinder haben, denn dann wäre ich gänzlich ungelitten gewesen. Ich will mir gar nicht vorstellen, wie sich meine Schwiegermutter aufgeführt hätte, wenn ihr die perfekte Bettina auch noch Enkelkinder geschenkt hätte. Dann wäre ich wirklich nicht mehr ins Haus gelassen worden.

Rolf hat mir zwar immer wieder den Rücken gestärkt, mir versichert, dass er auf meiner Seite ist. Ich habe mich dennoch wie ein Außenseiter gefühlt. Das Getuschel zwischen Rolfs Eltern und seiner Exfrau, die heimlichen Einladungen, von denen ich nichts wusste und wohl auch nichts wissen durfte. Die spitzen Bemerkungen seiner Mutter, wenn mein Mann mal nicht gut drauf war. Nach dem Motto: Wärst du doch bei Bettina geblieben, diese neue Partnerschaft bringt dir kein Glück.

Rolfs Exfrau selbst war mir gegenüber zwar auf eine oberflächliche Art und Weise nett, hat mich aber mit ihrer gespielten Hilflosigkeit zur Weißglut gebracht. Nichts konnte sie allein. Wir waren frisch verheiratet, und ständig rief sie an, um Rolf um einen Gefallen zu bitten. Ob es nun die Steuererklärung oder die defekte Heizung war – Bettina stand rat- und hilflos vor einem Problem, und es fiel ihr grundsätzlich nichts Besseres ein, als zum Telefon zu greifen und nach ihrem Exmann zu rufen. Wenn *sie* es nicht tat, erledigte das meine Schwiegermutter. Ich mag gar nicht zählen, wie oft ich in Gesprächen zwischen ihr und Rolf den Namen Bettina hörte. ›Das kannst du doch wenigstens für Bettina tun.‹ ›Bettina hat doch sonst niemanden, der ihr hilft.‹ Meine Schwiegermutter kann sehr erfinderisch sein, wenn es um die Belange und Vorteile von Bettina geht.

Rolf ist auch tatsächlich jedes Mal gesprungen, wenn seine Exfrau am Telefon war, das hat mich besonders geärgert. Sie hat eben sehr geschickt mit seinem schlechten Gewissen gespielt, und er hat lange gebraucht, sich davon zu lösen. Einmal rief sie völlig aufgelöst an, weil die Waschmaschine kaputt war. Anstatt dem Service Bescheid zu sagen, machte sie Rolf verrückt, der noch nie in seinem Leben eine Waschmaschine repariert hat. Er konnte ihr gar nicht helfen – aber hingefahren ist er trotzdem.

Solche Aktionen waren wie Sprengstoff für unsere Ehe. Ich war regelmäßig stinksauer, wenn er für ein paar Stunden zu Bettina fuhr, um wieder irgendetwas zu richten, auszufüllen, zu besprechen und so weiter. Aus Trotz bin ich dann manchmal zu einer Freundin gefahren und erst mitten in der Nacht wieder nach Hause gekommen. Gut, das war auch nicht gerade fair, aber ich brauchte ein Ventil, um mich abzureagieren.

So schlitterten wir zielsicher in eine Krise, die von meiner Schwiegermutter mit Wohlwollen gesehen und entsprechend gefördert wurde. Es kam ein Abend, an dem Rolf und ich uns so gestritten haben, dass plötzlich das Wort Trennung im Raum stand. Ich bin sicher, dass keiner von uns ernsthaft an eine Trennung dachte, aber dieser Streit lief irgendwie aus dem Ruder.

Andererseits war mir tatsächlich alles über den Kopf gewachsen. Die Anfeindungen von Rolfs Familie, Bettinas ständiger Betreuungsanspruch, ihre vorgetäuschte Hilflosigkeit und Rolfs Taktieren zwischen allen Fronten. Das konnte auf Dauer nicht gutgehen.

Ich habe noch am selben Abend meine Sachen gepackt, um bei einer Freundin zu übernachten. Danach habe ich mir in der Firma ein paar Tage Urlaub genommen und bin in die Berge gefahren. Bei ein paar ausgedehnten Wanderungen lässt sich am besten über alles nachdenken, dachte ich.

Rolf habe ich nur erzählt, dass ich etwas Abstand brauche, um alles in Ruhe zu sortieren. Er war im ersten Moment sehr beleidigt, hat dann aber eingesehen, dass unsere Ehe auf der Kippe stand und es höchste Zeit war, etwas dagegen zu tun. Und wenn wir nicht in der Lage sind, gemeinsam eine Lösung zu finden, dann muss eben erst einmal jeder für sich selbst nach einem Ausweg suchen, finde ich. Als ich ins Auto stieg, um zu meiner Freundin Marion zu fahren, hatte ich eigentlich keine große Hoffnung mehr für unsere Ehe. Mein größter Wunsch war, einfach nur wegzukommen. Ich hatte nicht einmal mehr die Kraft, mich weiter über Bettina und meine Schwiegermutter zu ärgern.

In den nächsten Nächten habe ich viel geweint, und ein paar Mal musste ich mich zusammenreißen, um nicht doch zu Rolf nach Hause zu fahren. Ich wollte ihn nie wirklich verlassen, aber unser Alltag war unerträglich geworden. Rolf hat mir später erzählt, dass es ihm auch nicht besser gegangen ist. Er konnte nicht schlafen, hat zu viel getrunken und sich morgens übernächtigt in die Firma geschleppt. Natürlich hat er sich dann auch noch mit seiner Mutter gestritten, aber in dieser Mutter-Sohn-Beziehung war der große Knall sowieso längst fällig.

Ich habe von dem ganzen Tohuwabohu nichts mitbekommen, sondern war inzwischen in meinem Berggasthof angekommen. In den nächsten Tagen war ich von morgens bis abends unterwegs. Wie eine Besessene bin ich die Berge rauf- und runtergelaufen. Im Gegensatz zu Rolf habe ich gut geschlafen, weil ich abends müde und völlig erschöpft war.

Auf meinen Wanderungen habe ich viel nachgedacht. Im Grunde gab es nur zwei Möglichkeiten: Entweder Rolf und ich lassen zu, dass unsere Liebe zerbricht. Oder wir ziehen die Notbremse und sortieren unser Leben neu. Das bedeutete aber auch, dass wir beide an einem Strang ziehen müssen, vor allem in Bezug auf seine Mutter und seine Exfrau. Da es zum damaligen Zeitpunkt eher nach einem endgültigen Bruch zwischen Rolf und mir aussah, konnte ich mir nicht vorstellen, wie er den Spagat zwischen seiner Mutter und mir hinbekommen sollte. Ich hatte die Situation aber so satt, dass ich im Endeffekt lieber eine Trennung in Kauf genommen hätte als stumpfsinnig weiterzumachen.

Nach ein paar Tagen in den Bergen fühlte ich mich fit, ausgeruht und in der Lage, mit Rolf über alles zu sprechen. Rolf noch in der Firma, als ich ankam, und unsere Wohnung sah aus, als hätte eine Bombe eingeschlagen oder als hätten mindestens drei männliche Singles hier für längere Zeit gehaust. Ich habe erst einmal aufgeräumt und saubergemacht, was meinen Nerven gutgetan hat, denn im Grunde war ich schrecklich unsicher, wie Rolf reagieren würde. Hatte er in meiner Abwesenheit mit unserer Ehe schon abgeschlossen? Sah er noch eine Zukunft? Liebte er mich noch?

Zum Glück waren alle Zweifel wie weggefegt, als wir uns gegenüberstanden. Keiner von uns wollte eine Trennung oder gar Scheidung. Wir wollte beide eine Zukunft, aber eine, die unbelastet sein sollte von den Altlasten der Vergangenheit.

Als Erstes haben wir Rolfs Eltern zu uns zum Essen eingeladen und ihnen bei dieser Gelegenheit gesagt, was uns stört und belastet und wie wir gern in Zukunft das Familienleben mit ihnen gestalten möchten. Rolf hat seiner Mutter erklärt, dass er nicht mehr mit Bettina verheiratet ist, sondern mit mir und dass dies auch so bleiben soll. Er habe nichts dagegen, dass sie mit Bettina befreundet sei, doch diese Freundschaft habe nichts mit unserer Ehe zu tun. Sie müsse lernen, diese beiden Bereiche auseinanderzuhalten.

Am Anfang war seine Mutter furchtbar beleidigt und hat sich angegriffen gefühlt. Ich hatte geahnt, dass sie so reagieren würde und war heilfroh, dass wir uns vorher eine Strategie zurechtgelegt hatten. Rolf ist ganz ruhig geblieben und hat ihr klarzumachen versucht, dass er so, wie er jetzt lebt, glücklich ist und sie als seine Mutter sich doch darüber freuen solle, statt ständig zu lamentieren. Wenn sie mit Bettina Kaffee trinken wolle, bitte sehr. Das sei einzig und allein ihre Sache. Aber sie solle endlich aufhören, sich in unsere Ehe einzumischen.

Es dauerte dann Wochen, bis seine Mutter dieses Gespräch verdaut hatte und uns ein Stück entgegenkam. Das Gleiche galt für Bettina. Rolf hatte mir versprochen, dass er nicht mehr den fürsorglichen Exmann spielen würde, der sofort anrückt, wenn er gebraucht wird. Und er hat sein Versprechen gehalten. Früher ist Rolf manchmal mit dem Telefon in ein anderes Zimmer gegangen, wenn Bettina anrief. Ich war darüber immer gekränkt, weil ich automatisch annahm, dass die beiden etwas vor mir zu verbergen hatten. So ausgeschlossen zu werden, war demütigend. Wenn Freunde anrufen, gehen wir ja auch nicht mit dem Telefon ins Schlaf- oder Arbeitszimmer. Aber bei Bettina verschwand er jedes Mal klammheimlich und blieb oft über eine Stunde weg. Ich saß dann im Wohnzimmer und habe vor Wut gekocht. Manchmal rief sie auch spätabends an, und Rolf sprach dann mit ihr wie mit einem kranken Kind. Meine Güte, die Frau ist erwachsen und benimmt sich wie eine 14-Jährige. Rolf und seine Mutter haben ihr unreifes Verhalten auch noch gefördert, indem sie jedes Tränchen und jedes Problemchen unglaublich aufgebauscht haben.

Diese Krisengespräche in der Intimität unseres Schlafzimmers haben mir sehr weh getan. Aber noch viel schlimmer fand ich, dass Rolf mir dann regelmäßig vorwarf, ich benähme mich nicht wie eine erwachsene Frau. Er hat es fertiggebracht, mir zu sagen, dass ich die Starke sei und doch bitte schön etwas Mitgefühl mit Bettina haben solle. Rolf hat überhaupt nicht gemerkt, wie sie ihn in die Ecke dirigierte, in der sie ihn haben wollte. Er hat sich wie eine Marionette von ihr führen lassen.

Nach meiner Denkpause in den Bergen habe ich darauf bestanden, dass Rolf nie wieder das Zimmer verlässt, wenn Bettina anruft. Er verstand erst nicht, warum mir dies so wichtig war, die Beziehung zu Bettina sei schließlich lange vorbei, und ich hätte keinen Grund zur Eifersucht. Aber genau hier lag der

Widerspruch. Wenn alles normal und freundschaftlich gewesen wäre, dann hätte es auch keinen Sinn gemacht, beim Telefonieren vor mir die Tür zu schließen.

Ich habe mir in der Zwischenzeit angewöhnt, Dinge, die mich wirklich stören, nicht mehr einfach so hinzunehmen. Früher habe ich in solchen Situationen meinen Ärger runtergeschluckt, nach außen gute Miene gemacht, aber innerlich habe ich vor Wut und Enttäuschung gekocht. Ein paar Mal kann man das ertragen, dann nicht mehr. Natürlich hatte ich Rolf auch vorher schon gesagt, dass ich sein Verhalten nicht in Ordnung finde. Aber ich war nicht konsequent genug. Ich habe immer wieder nachgegeben und eingelenkt, obwohl mir nicht danach zumute war. Bin ich unreif, wenn ich darauf bestehe, dass mein Mann beim Telefonieren mit seiner Exfrau nicht das Zimmer verlässt? Ist das zickig? Zeige ich damit, dass ich schwierig und kompliziert bin? Über solche und andere Fragen habe ich mir Gedanken gemacht, mir Schuldgefühle eingeredet, versucht, meine Gefühle besser unter Kontrolle zu haben. Heute frage ich mich: Warum habe ich das nur zugelassen? Ich hätte mir viele Sorgen und Grübeleien ersparen können. Aber nein, ich dachte, Rolf hat eben ein schlechtes Gewissen gegenüber Bettina, mach du ihm nicht auch noch Kummer.

Ein anderer Punkt, den ich auch nicht mehr zulasse, ist der ständige Lobgesang meiner Schwiegermutter auf meine Vorgängerin. Noch vor einem Jahr habe ich in solchen Momenten schmallippig auf dem Sofa gehockt und mir tatsächlich angehört, wie hervorragend Bettina kochen kann, welch hinreißende Gastgeberin sie ist und so weiter.

Heute frage ich mich: Hatte ich damals kein Rückgrat? Wie

konnte ich mir das gefallen lassen? Denn im Grunde war das Verhalten von Rolfs Mutter eine grobe Unverschämtheit mir gegenüber. Warum bin ich nie aufgestanden und habe meiner Schwiegermutter ins Gesicht gesagt: Es ist schön, dass du Bettina so bewunderst. Aber heute bist du bei mir eingeladen, und ich empfinde deine Einwürfe und Sticheleien als unhöflich und kränkend.

Gut, ich habe jahrelang geschwiegen, diesen Vorwurf muss ich mir selbst machen. Ich wollte keinen Streit mit meinen Schwiegereltern und vor allem nicht mit Rolf. Andererseits habe ich darunter gelitten, dass er sich nicht schützend vor mich stellte. Inzwischen weiß ich, dass Rolf über das Benehmen seiner Mutter auch nicht glücklich war. Er hatte ebenfalls um des lieben Friedens willen den Mund nicht aufgemacht.

Seit unserer ›Beinah-Trennung‹ sind die Fronten klarer, auch wenn wir damit nicht alle Probleme aus der Welt geschafft haben. Aber das Zusammentreffen mit seinen Eltern ist für mich inzwischen wesentlich angenehmer, weil ich gelernt habe, mir nicht alles bieten zu lassen. Und seine Mutter beherrscht sich inzwischen besser. Das reicht mir, mehr erwarte ich nicht.

Das Verhältnis zwischen Rolf und seiner Exfrau ist distanzierter geworden, Bettina hat einsehen müssen, dass sie Rolf nicht zu ihrer freien Verfügung hat. Seit sie einen neuen Lebenspartner gefunden hat, sind auch meine Gefühle ihr gegenüber wesentlich entspannter. Ich weiß, dass ich keinen Grund zur Eifersucht habe, und das hat mir wieder mehr Selbstsicherheit gegeben.

Heute können wir sogar ein Familienfest miteinander feiern, ohne dass jemand Animositäten von sich gibt. Früher absolut undenkbar. Neulich hatte Rolfs Mutter Geburtstag, und Bettina war mit ihrem neuen Partner ebenfalls eingeladen. Wir haben uns wie gute alte Bekannte benommen, und das wäre nicht möglich gewesen, hätten wir nicht die Konsequenzen aus unserem heftigen Streit gezogen.

Es ist absolut tödlich für eine Beziehung, wenn die Vergangenheit immer präsent ist. Keine Frau würde es akzeptieren, wenn ihr Partner sich auch nach Jahren noch um seine früheren Lebensgefährtinnen kümmern würde. Bei der Exfrau ist man da seltsamerweise viel großzügiger.

Der einzige Grund für intensiveren Kontakt zwischen den Expartnern sind in meinen Augen Kinder. Da haben beide eine Verpflichtung als Eltern. Aber Rolf und Bettina haben keine gemeinsamen Kinder, und deshalb sehe ich Bettina wie jede andere frühere Partnerin meines Mannes. Denn schließlich war auch sie nicht die erste Frau in seinem Leben.

Ich kann Frauen, die sich in einen geschiedenen Mann verlieben, nur raten, von Anfang an darauf zu achten, dass die Grenzen zwischen früher und heute klar gezogen werden. Nur so ist es auch möglich, der neuen Liebe eine Chance zu geben.«

4. »Dreh- und Angelpunkt ist doch immer das Geld.«

Sabine, 37, liebt einen Mann, der von seiner Frau getrennt lebt, die Scheidung läuft, ist aber noch nicht rechtskräftig. Jörg, 48, hat aus dieser Ehe zwei Kinder, Tabea, 10, und Miriam, 8. Außerdem hat er einen nicht ehelichen Sohn aus einer früheren Beziehung, Lasse, 14.

»Als ich meiner besten Freundin von Jörg erzählt habe, hat sie mir spontan gesagt: Du hast einen Knall. Ein Mann mit so vielen Verpflichtungen ist keine Zukunftsperspektive. Was willst du dir mit ihm aufbauen? Es gibt nichts, was er nicht schon hat: Kinder, Familienleben, ein Haus mit Garten. Wo siehst du in diesem komplizierten Geflecht deinen Platz?

Ich war wie vor den Kopf geschlagen durch ihre harten Worte, aber genau genommen hat sie es ganz sachlich auf den Punkt gebracht. Jörg hat in der Tat mehr Verpflichtungen als mir lieb ist, er hat Kinder mit zwei verschiedenen Frauen und er muss allen Unterhalt zahlen. Als Mitglied der Geschäftsführung verdient Jörg zwar ziemlich gut, aber dennoch geht fast das gesamte Gehalt für diese Unterhaltszahlungen drauf. Schon aus finanziellen Gründen ist es für ihn also undenkbar, noch eine Familie zu gründen. Aber ein Baby ist bei uns auch nicht das Thema. Ich bin glücklich in meinem Beruf, ich habe mich nie nach eigenen Kindern gesehnt und träume deshalb auch nicht von einem romantischen Häuschen im Grünen mit drei süßen Kindern und einem Golden Retriever.

Als Creative Director in einer großen Werbeagentur habe ich oft einen Zwölfstundentag und kann mir gar nicht vorstellen, aus familiären Gründen kürzerzutreten. Ich brauche keinen Ernährer, ich verdiene mein eigenes Geld. Selbst wenn Jörg und ich irgendwann einmal heiraten sollten, was wir zurzeit gar nicht planen, würde ich meinen Beruf nicht aufgeben. Ich will sein Geld nicht, und die Unterhaltszahlungen könnten mir deshalb eigentlich egal sein. Sind sie aber nicht.

Ich fand das alte Scheidungsrecht immer vorsintflutlich und den Frauen gegenüber ungerecht. Damals in den 70er Jahren ging ja alles nach dem Schuldprinzip. Ein Mann konnte sich noch so tyrannisch aufführen, wenn seine Frau ihn verließ, hatte sie keinen Anspruch auf Unterhalt. Das musste wirklich geändert werden.

Ich finde es auch gerecht, dass eine Frau, die eine Zeitlang aus ihrem Beruf ausgestiegen ist, um sich um Familie und Haushalt zu kümmern, übergangsweise Unterhalt bekommt – bis sie wieder einen Job gefunden hat. Über die Kinder müssen wir nicht reden. Dass ein Vater seinen Kindern gegenüber auch finanzielle Verpflichtungen hat, ist klar. Aber was ich nicht gutheißen kann, ist, dass der Staat einen Mann verpflichtet, die Bequemlichkeit seiner Exfrau über Jahre zu finanzieren.

Genauso läuft das nämlich bei Jörg. Kathrin, seine Noch-Ehefrau, denkt gar nicht daran, sich eine Stelle zu suchen. Weder Teil-, noch Vollzeit. Natürlich bringt sie immer das Argument, sie könne ja wegen der Kinder nicht berufstätig sein. Und da beide Mädchen noch in der Grundschule sind, ist sie dazu auch nicht verpflichtet. Aber sie könnte problemlos vormittags arbeiten. Tabea und Miriam gehen auf eine sogenannte

Verlässliche Grundschule, das heißt, sie werden immer bis 13 Uhr betreut: entweder im Unterricht oder in einer Arbeitsgruppe. Kathrin könnte also durchaus einen Teilzeitjob annehmen – aber sie will nicht.

Die Schwierigkeiten, eine qualifizierte Stelle zu finden, werden auf jeden Fall größer, je länger sie jetzt Pause macht. Sie ist Grafikerin, und in dieser Branche ändern sich Hard- und Software so schnell, dass es für jemanden, der jahrelang pausiert hat, immer unwahrscheinlicher wird, Anschluss zu finden. Es ist also jetzt schon abzusehen, dass Kathrin auch später keinen Job haben wird. Es sei denn, sie macht etwas völlig anderes und arbeitet irgendwo in einer Boutique. Dazu wird sie aber vermutlich keine Lust haben. Und für alle diese Eventualitäten ist ja Jörg da. Der Exmann, der sich jetzt schon darauf einstellen kann, die nächsten zwanzig Jahre einen Großteil seines Gehalts abzugeben. Denn wenn Lasse, Tabea und Miriam studieren wollen und Kathrin auf Dauer arbeitslos ist, bleibt es an Jörg hängen, alle zu unterhalten.

Selbstverständlich darf er sich darüber nicht einmal beklagen. Denn dann ist er der fiese Karrierist, dem es nur ums Geld geht und dem seine Familie egal ist. In zwei Jahren wird Jörg 50. Er wird bis weit über das Rentenalter hinaus zahlen müssen.

Nun könnte man natürlich sagen: Tja, so ist das eben, der Gesetzgeber hat das so festgelegt. Aber ich finde es schäbig, wie manche Frauen das Gesetz aushöhlen und gar nicht daran denken, ihr Geld selbst zu verdienen, sondern immer wieder die Hand aufhalten.

Vor rund fünf Jahren hat Jörg ein Ferienhaus in Dänemark gekauft. Es liegt ganz idyllisch auf der Insel Anholt, und Kathrin hat es sehr geschmackvoll eingerichtet. Als Jörg es jetzt verkaufen wollte, hat Kathrin sich über ihren Anwalt dagegen gewehrt. Ihr würde immerhin die eine Hälfte gehören und sie stimme einem Verkauf nicht zu. Mal davon abgesehen, dass sie keinen Cent für das Haus bezahlt hat, besteht sie jetzt auch noch darauf, dass Jörg keinesfalls Urlaub dort mit mir machen darf. Mit anderen Worten: Sie will das Haus für sich, Jörg darf es nicht einmal nutzen, soll aber Reparaturen und Unterhalt dafür bezahlen. Das Schlimmste daran ist, dass es so aussieht, als sei dieses Verhalten völlig legal.

In unserem Scheidungs- und Unterhaltsrecht wird zwar nicht mehr nach dem Schuldprinzip verfahren, aber wenn einer der Expartner es darauf anlegt, kann er den anderen furchtbar bestrafen – indem er ihn über viele Jahre, vielleicht sogar Jahrzehnte, für sich mitarbeiten lässt.

Jörg könnte sich eine Frau, die von eigenen Kindern und Familie träumt, unter diesen Umständen gar nicht leisten, und Kathrin wird sicher Himmel und Hölle in Bewegung setzen, damit das auch so bleibt. Jörg ist die Geldquelle, die niemals versiegt, egal ob es um die Wünsche der Kinder oder um Kathrins Lebensstandard geht, Jörg muss für alles sorgen. Ohne eine entsprechende Gegenleistung. Denn von seinen beiden Töchtern hat er eigentlich nichts. Am Anfang war geplant, dass die Mädchen jedes zweite Wochenende zu ihm kommen, doch daraus wurde dann nichts. Mal war eine krank, mal konnten sie beide nicht, dann hatten sie angeblich keine Lust, dann musste für die Schule geübt werden, und das wollten sie lieber mit ihrer Mutter etc.

Dann kam noch hinzu, dass Kathrin kategorisch jeglichen

Kontakt zwischen ihren Töchtern und mir ablehnte. Inzwischen hat sie sich etwas beruhigt, aber eine Zeitlang machte sie bei diesem Thema sofort dicht. Es war also gar nicht daran zu denken, gemeinsam mit den Kindern etwas zu unternehmen. Jörg hat sehr unter dieser Situation gelitten, aber um nicht noch mehr Unfrieden in die Familie zu bringen, haben wir uns kommentarlos an Kathrins Forderungen gehalten. Wenn seine Töchter bei ihm waren, bin ich zu Hause geblieben, habe auch nicht angerufen, sondern mich ganz im Hintergrund gehalten. Das war zwar ärgerlich, hat sich aber letztlich ausgezahlt, weil Kathrin sich etwas entspannt hat. Inzwischen ist es möglich, dass Jörg und ich mit den Kindern essen gehen. Aber gemeinsam in Urlaub fahren? Undenkbar.

Nun muss ich allerdings auch sagen, dass ich sowieso kein Talent zur Stiefmutter habe. Ich bin froh, wenn Jörg und ich Zeit für uns haben und uns nicht auch noch um die Kinder kümmern müssen. Tabea und Miriam leben bei ihrer Mutter, sie erzieht die Mädchen, und ich will ihr diese Rolle auch auf keinen Fall streitig machen.

Doch Jörg hat ja nicht nur Verpflichtungen für Tabea und Miriam, sondern auch für seinen Sohn Lasse. Er ist in einem schwierigen Alter und macht seiner Mutter oft Sorgen. Lasse ist ein stiller Junge, der stundenlang vor dem Computer sitzt und sich mit einem von diesen Computerspielen beschäftigt. Jörg wäre froh, wenn sein Sohn sich mehr für Sport interessieren würde, stößt aber bei diesem Thema auf taube Ohren.

Auch für Lasse zahlt er Unterhalt, Lasses Mutter ist allerdings voll berufstätig und sorgt glücklicherweise für sich selbst. Einmal im Monat besucht Lasse seinen Vater, auch diese Zeit geht

Jörg und mir verloren. Meine Freundin sagt oft, ihr wäre das alles zu kompliziert, sie könnte sich keine Beziehung zu einem Secondhand-Mann mit derart vielen Altlasten vorstellen. Wenn ich es mir aussuchen könnte, wären mir weniger finanzielle Verpflichtungen auch lieber. Aber ich habe mich nun einmal in Jörg verliebt, und seine Vergangenheit ist ein Teil von ihm. Er kann sie nicht abschütteln, es sind seine Kinder, es ist sein gelebtes Leben. Dass Kathrin sich als eine Frau entpuppt, der es nur noch ums Geld geht, hat er nicht ahnen können. Und ihr Verhalten kann man nun wirklich nicht Jörg vorwerfen.

Dennoch wünsche ich mir für unser Zusammenleben oft einfachere, pflegeleichtere Rahmenbedingungen. Ich lebe immer noch in meiner eigenen Wohnung, und ich werde sie auch sicher behalten, denn sie ist für uns beide ein Refugium, in das wir uns zurückziehen können, wenn wir wirklich Zweisamkeit genießen wollen. Hier ruft weder eine seiner Exfrauen noch eines der Kinder an. Aber auch für mich selbst ist meine Wohnung ungeheuer wichtig. Zurzeit kann ich mir nicht vorstellen, mit Jörg zusammenzuziehen, ich brauche den Abstand, den mir meine eigenen vier Wände ermöglichen. Ich will nicht, dass Jörgs Vergangenheit zu sehr in unseren Alltag einbricht, es reicht schon, dass wir viel zu oft darüber reden.

Manchmal frage ich mich: Hat die Liebe überhaupt eine Chance, wenn die Ex es darauf anlegt, den Mann finanziell zu ruinieren. Aber würde ich Jörg mehr lieben, wenn er keine Vergangenheit hätte? Wenn ihm keine Noch-Ehefrau auf der Tasche liegen würde? Wenn seine Töchter keinen Zickenalarm machen würden? Ich glaube nicht.

Natürlich sind die Bedingungen nicht ideal, aber ich bin

aus dem Alter raus, in dem man noch an Märchenprinzen glaubt.

Wir Großstadt-Singles suchen immer nach der perfekten Beziehung, die glücklich macht, aber für die man nicht allzu viel tun muss. Vielleicht ist es ganz gut, dass ich Jörg getroffen habe, der mir gezeigt hat, dass Liebe auch Schwierigkeiten aushalten muss. Sonst würde ich wahrscheinlich wie einige meiner beruflich erfolgreichen Freunde vor jedem Beziehungsproblemchen davonlaufen.«

5. »Ich bin mit allen unseren Kindern glücklich.«

Ellen, 36, und Markus, 40, sind seit zwei Jahren verheiratet. Für beide ist es die zweite Ehe und beide haben aus erster Ehe jeweils eine Tochter – Julie, 7, und Marie, 9. Julie lebt bei Ellen und Markus, Marie bei ihrer Mutter, Markus' erster Frau. Vor einem Jahr wurde Jakob geboren, der gemeinsame Sohn von Ellen und Markus.

»Ich habe mir immer eine große Familie gewünscht. Vielleicht liegt es daran, dass ich selbst vier Geschwister habe und unser Familienleben immer als besonders schön empfand. Das geht mir heute noch so, wenn sich die ganze Sippe trifft. Ich hänge sehr an meinen Geschwistern, und meine Eltern haben es immer verstanden, uns auch mit wenig Geld viel zu ermöglichen.

Als Julie geboren wurde, war ich überglücklich, wünschte mir noch mindestens drei Kinder. Aber drei Jahre später begann unsere Ehe zu kriseln. Stefan, mein damaliger Mann, kam immer später nach Hause, machte viele Überstunden. Zuerst lag das sicher daran, dass er sehr ehrgeizig war, in der Firma unbedingt weiterkommen wollte. Wir träumten davon, ein Haus zu bauen, hatten die Finanzierung schon im Kopf und suchten ein Grundstück. Wir hatten viele Pläne, und ich war der Meinung, wir seien glücklich. Seltsamerweise habe ich nicht bemerkt, dass Stefan längst nicht mehr aus Ehrgeiz abends lange wegblieb, sondern weil er eine Affäre mit einer Kollegin hatte. Als ich es erfuhr, wussten es die anderen längst, und ehe ich richtig realisiert hatte, was eigentlich passiert war, waren wir auch schon getrennt, und Stefan lebte mit seiner neuen Partnerin zusammen.

Ich blieb mit Julie allein zurück, stand von heute auf morgen vor den Trümmern meiner Ehe. Am Anfang war ich wie gelähmt, konnte nicht fassen, was mit unserer Familie passiert war. Warum hatte Stefan mir und Julie das angetan? Wir waren doch glücklich miteinander, hatten dieses süße Kind, wollten noch so viel erreichen. Heute weiß ich, dass meine Träume Stefan Angst gemacht haben. Eine große Familie, ein Haus, lauter Verpflichtungen, die er letztlich nicht wollte. Stefan brauchte offensichtlich mehr Freiheit, meine Idee von Glück hat ihn eingeengt.

Mit der Kollegin von damals ist er schon lange nicht mehr zusammen, heute haben wir ein distanziertes, aber sachliches Verhältnis. Er hat nicht wieder geheiratet, hält aber den Kontakt zu seiner Tochter. Julie hängt an ihrem Vater, hat aber inzwischen Markus als Papa adoptiert. Ich weiß nicht, wie Stefan dazu steht, wir haben nie darüber gesprochen. Aber ich denke, dass er ist immer noch froh ist, seine Freiheit zu haben, vielleicht wird er später eine neue Familie gründen.

Heute kann ich in aller Ruhe darüber sprechen, und vielleicht hört es sich sogar etwas zu einfach an: Julie, die zwischen zwei »Vätern« pendelt und scheinbar mühelos damit klarkommt. Aber auch wir hatten harte Zeiten. Unsere Tochter war es zwar gewohnt, dass ihr Vater selten zu Hause war, aber die Trennung war trotzdem eine Erfahrung, die ich meinem Kind gerne erspart hätte. In solchen Momenten, wenn alles auseinanderbricht, denkt man ja nicht daran, dass man irgendwann eine neue Familie hat und alle wieder glücklich sind. Das Gegenteil ist der Fall. Man sieht die Zukunft in düstersten Farben. Ich habe das genauso empfunden, und auch Julie hat an manchen Abenden schlimme Weinkrämpfe gehabt und entsetzlich um ihren Vater, der für sie endgültig verloren schien, getrauert. Es gab eine Zeit, da habe ich Stefan dafür gehasst, was er uns und vor allem Julie angetan hat. Diese Traurigkeit in ihren Augen – und alles nur wegen seiner egoistischen Eskapaden.

Markus ist das Gegenteil von Stefan, meinem Exmann. Er ist ein totaler Familienmensch – so wie ich. Als ich noch mit Stefan verheiratet war, war er derjenige, der nie stillsitzen konnte. Ständig wollte er etwas unternehmen: ausgehen, Sport machen, ein Spiel spielen, Freunde einladen. Am Wochenende war bei uns immer etwas los, mir wurde das oft zu viel.

Markus dagegen ist ein Mann, der gern zu Hause ist, die Zeit mit den Kindern genießt und es sich dann gemütlich macht. Wir sind uns da sehr ähnlich: Ich habe es zu Hause auch gern kuschelig. Als wir uns kennenlernten, waren wir beide geschieden und hatten eine Tochter. Markus hat es immer sehr bedauert, dass er Marie nur am Wochenende sieht, obwohl der Kontakt zwischen ihm und seiner Tochter wirklich gut funktioniert. Die beiden haben ein ganz enges Verhältnis, und ich rechne es Markus' Exfrau hoch an, dass sie ihm die Rolle des Vaters vorbehaltlos überlassen hat. Es gibt schließlich genug geschiedene Väter, die diese Chance nicht hatten – und vermutlich auch nie bekommen werden. Auch wenn man noch so viel Wut auf seinen Exmann hat, sollte man den Kindern den

Vater nicht nehmen. Wir haben mit dieser Haltung nur positive Erfahrungen gemacht.

Zwischen Markus und mir hat es sofort gefunkt, als wir uns auf einer Grillparty bei Bekannten kennengelernt haben. Es war Liebe auf den ersten Blick, und wir haben schnell gemerkt, dass wir ähnliche Lebensziele, Ansichten, Wünsche und Träume haben. Wir sind sehr schnell zusammengezogen, weil auch Julie und Markus wunderbar miteinander auskamen. Wie Marie die Veränderung aufnehmen würde, war uns nicht ganz klar, aber die Mädchen haben sich von Anfang an verstanden und sind mittlerweile richtige Freundinnen. Für Julie ist es immer wie ein Fest, wenn Marie das Wochenende bei uns verbringt.

Und seit Jakob auf der Welt ist, haben die beiden auch noch einen kleinen Bruder. Sie sind ganz verrückt nach ihm. Ich bin froh, dass Markus' Tochter sich so gut mit ihrer Stiefschwester und ihrem Halbbruder versteht. Die Geschwisterkonstellation klingt zwar etwas kompliziert, aber wenn man die drei miteinander spielen sieht, gibt es keinen Zweifel, dass sie sich als Teil ein und derselben Familie fühlen. Noch vor wenigen Jahren hatte ich meinen Traum von der Großfamilie schon aufgegeben, aber durch unsere Patchworkfamilie habe ich plötzlich drei Kinder, denn Marie gehört für mich selbstverständlich auch dazu. Glücklicherweise kommen auch Markus und seine Exfrau gut miteinander aus, so dass wir sogar zusammen feiern können. Für die Kinder ist das der Idealzustand. Schön wäre es, wenn auch Stefan einen Weg finden könnte, mehr Zeit mit seiner Tochter Julie zu verbringen, aber er ist nun mal kein Mensch, dem Familie Kraft gibt.

Vielleicht hatte ich es mit einem Secondhand-Mann leichter als andere Frauen, weil ich selbst geschieden bin und ein Kind mit in die neue Partnerschaft gebracht habe. Alle Probleme, die Markus zu bewältigen hatte, kannte ich ja aus eigener Erfahrung. Ich wusste, wie es sich anfühlt, verlassen zu werden und plötzlich allein dazustehen. Das ist ein immenser Vertrauensbruch, den man erst einmal verkraften muss. Auch ich war nach der Trennung dünnhäutig geworden, hatte Angst vor einer neuen ernsthaften Bindung und damit vor einer weiteren möglichen Enttäuschung.

Als wir uns trafen, standen Markus die gleichen Ängste förmlich auf die Stirn geschrieben. Auch er war von seiner Frau verlassen worden, Marie war damals fünf. Markus hatte immer ein fürsorglicher Vater und ein perfekter Ehemann sein wollen, seine Frau hat ihm damals vorgeworfen, dass er klammere und ihr die Luft zum Atmen nehme. Vermutlich haben Stefan und ich und Markus und Susanne einfach nicht zusammengepasst, unsere Lebensziele lagen zu weit auseinander. Markus hat mir erzählt, dass Susanne ihn oft spießig fand, ihm vorwarf, zu viel zu arbeiten und zu wenig Zeit für sie zu haben.

Früher oder später wäre es ohnehin zu einer Trennung gekommen, da bin ich ganz sicher. Ich glaube nicht an eine Partnerschaft, wenn beide so unterschiedliche Erwartungen an die Zukunft und das Leben haben. Heute bin ich glücklich, dass es sich so ergeben hat, auch wenn ich Stefan damals viele Tränen nachgeweint habe.

Ich liebe unsere drei Kinder, und Markus und ich können uns gut vorstellen, irgendwann noch ein Baby zu bekommen. Der Schöne bei uns ist, dass sich alle mit dem Thema Patchwork gut arrangiert haben und wir unser Familienmodell auch mit Überzeugung leben können. Auch die Kinder gehen ganz offen damit um. Julie und Marie haben überhaupt kein Problem damit, zu sagen, dass sie keine richtigen Schwestern sind, aber so etwas Ähnliches. Und beide sehen Jakob als ihren kleinen Bruder. In der Schule wurde neulich im Sachkundeunterricht das Thema Familie durchgenommen, und da hat Julie gesagt, sie habe zwei Väter: einer heiße Stefan und der andere Markus. Sie hat dann auch in das Familienbild, das die Kinder malen sollten, beide Männer eingezeichnet. Ich war ganz gerührt, dass sie Markus als ihren Vater betrachtet, aber auch Stefan nicht ausschließt. Ich glaube sowieso, dass Kinder ganz gut mit veränderten Familiensituationen fertig werden, wenn man ihnen immer wieder erklärt, warum die Situation so ist, wie sie ist. Schlimm wird es, wenn die Erwachsenen Kinder im Unklaren lassen. Wenn die Kinder nicht wissen, was mit Mama und Papa passiert, mit ihnen selbst, mit dem Haustier, den Freunden, der Schule und so weiter.

Nach der Trennung hatte Julie zum Beispiel schreckliche Angst, dass sie ihre Freundinnen verliert, weil wir vielleicht umziehen müssen. Sie hat nächtelang nicht geschlafen, weil sie dachte, dass sie ihre beste Freundin Zoe nie wiedersieht. Und dann hat sie sich natürlich fürchterliche Sorgen um ihren weißen Zwerghasen gemacht. Was, wenn Papa den mitnimmt? Was, wenn wir woanders hinziehen und das Häschen nicht mitkann? Kinder malen sich in ihrer Phantasie oft die schlimmsten Dinge aus, liegen nachts in ihrem Bett und können ihre Ängste nicht mehr beherrschen. Ein-, zweimal hat Julie damals nachts ins Bett gemacht, was ihre Unsicherheit noch verstärkt hat.

Sie hat ihre Ängste erst verloren, als sie gemerkt hat, dass sie uns trotz der Trennung vertrauen kann. Dass ihre Eltern die Wahrheit sagen, wenn sie ihr erklären, dass Papa zwar auszieht, aber sie selbst, Mama und der Hase nicht weggehen, sondern bleiben, wo sie sind. Dass sie ihre Freundinnen nicht verlieren wird und dass ihre Eltern sie immer lieb haben werden, auch wenn beide nicht mehr zusammenwohnen. Dadurch hat sie Sicherheit gewonnen und sich relativ schnell mit dem neuen Familienmodell arrangiert.

Marie dagegen hat wesentlich stärker unter der Trennung ihrer Eltern gelitten. Markus macht sich heute noch Vorwürfe, dass es seiner Exfrau und ihm nicht gelungen ist, Marie aus den Streitereien herauszuhalten. Das Kind hat immer wieder hässliche Szenen zwischen den Eltern mitbekommen, lautstarke Auseinandersetzungen, Tränen der Mutter, kaputtes Geschirr – eben das ganze Programm aus der Endphase einer Ehe.

Markus' Tochter hat auf die seelischen Belastungen mit psychosomatischen Beschwerden reagiert, ein Hautekzem entwickelt und Magen-Darm-Probleme bekommen. Heute ist sie wieder vollkommen gesund, aber immer noch anfällig bei der kleinsten Disharmonie. Als ihre Eltern sich getrennt haben, ist Maries kleine Welt zusammengebrochen, und sie stand zu lange allein vor den Scherben. Erst durch die körperlichen Symptome wurde klar, dass sie von ihren Eltern mehr Unterstützung braucht.

Kein Kind steckt die Trennung der Eltern einfach so weg, aber ich bin davon überzeugt, dass die Wunden heilen und Scheidungskinder dann genauso fröhlich und unbeschwert sind wie ihre Altersgenossen in intakten Familien. Unsere Kinder sind dafür ein gutes Beispiel. Aber wir haben es auch nur geschafft, weil die Erwachsenen sich irgendwann zusammengerissen und versucht haben, so wenig wie möglich zu streiten. Den Kindern zuliebe.«

6. »Zur Stiefmutter eigne ich mich nicht.«

Mareike, 33, ist frisch verliebt in einen getrenntlebenden Mann, dessen Scheidung gerade erst eingereicht wurde. Uli, 34, hat einen dreijährigen Sohn, Jonas.

»Gleich vorweg: Einfach ist es nicht. Vor allem wenn man, wie ich, gar keine Erfahrung mit Scheidungen und den ganzen emotionalen, rechtlichen und finanziellen Konsequenzen hat. Die Männer, mit denen ich vor Uli eine Beziehung hatte, waren Singles wie ich, und wir konnten unser Leben so gestalten wie wir wollten. Mit Uli ist das anders.

Zum einen braucht er viel Zeit für seinen Sohn. Aber auch seine Frau Franziska drängt sich immer wieder in unseren Alltag. Uli liebt seinen Sohn über alles, ich finde, er ist ein toller Vater. Wenn ich die beiden beobachte, spürt man richtig, dass zwischen ihnen eine ganz enge Verbindung besteht. Jonas ist sein Ein und Alles. Wenn dem Kleinen nur eine Sekunde langweilig ist, werden sofort neue Spiele erfunden, die Ritterburg wird aus der Ecke geholt, und Uli krabbelt mit ihm auf dem Boden herum. Es ist rührend, wie er sich um seinen Sohn kümmert. Aber aus lauter Angst, Jonas zu verlieren, übertreibt er auch manchmal. Setzt überhaupt keine Grenzen, erlaubt alles, stürzt zum nächsten Supermarkt, wenn nicht die richtige Schokolade im Haus ist.

In solchen Momenten spürt man sein schlechtes Gewissen.

Uli glaubt, dass er seinem Sohn nicht gerecht wird, weil er nicht mehr so viel Zeit mit ihm verbringen kann wie früher. Ich denke, das ist Unsinn. Studien haben doch gezeigt, dass nicht die Quantität, sondern die Qualität entscheidend ist. Es ist also nicht so wichtig, *wie viel* Zeit Eltern mit ihren Kindern verbringen, sondern viel mehr *wie* sie die gemeinsame Zeit miteinander nutzen. Manche Väter sitzen mit ihren Kindern vor dem Fernseher – da hat niemand was davon. Aber Uli beschäftigt sich immer sehr intensiv und liebevoll mit Jonas. Meiner Meinung nach muss er sich keine Sorgen machen, dass er den engen Kontakt zu seinem Sohn verliert.

Aber das sind Themen, über die wir nicht so oft sprechen. Ich habe das Gefühl, Uli will mich damit nicht belasten. Vielleicht denkt er aber auch, dass die Vergangenheit in einer neuen Liebesbeziehung nichts verloren hat. Ich halte diese Einstellung für falsch, denn die Vergangenheit ist ja da, und es hat keinen Sinn, die Augen vor ihr zu verschließen.

Ich finde Jonas auch entzückend, er ist ein bildhübscher Junge, der einen oft zum Lachen bringt. Trotzdem bin ich immer ganz erleichtert, wenn Uli Jonas wieder nach Hause zu seiner Mutter bringt oder wenn ich an Jonas' Besuchstagen gar nicht erst bei Uli vorbeischaue. Ich eigne mich einfach nicht zur Stiefmutter, ich finde Kinder drollig, aber nach einer Weile bin ich auch froh, wenn ich mich nicht mehr um sie kümmern muss.

Bislang habe ich mir auch keine eigenen Kinder gewünscht, mein Beruf als Krankenschwester lastet mich voll aus. Möglicherweise ändert sich meine Einstellung früher oder später, aber vorerst sehe ich mich nicht als Familienfrau. Und Uli und ich kennen uns noch nicht gut genug, um überhaupt über Zukunft zu sprechen. Wir haben uns ja gerade erst vor ein paar Wochen ineinander verliebt.

Uli träumt davon, dass wir im Sommer zu dritt in den Urlaub fahren: Jonas, Uli und ich. Ehrlich gesagt, ich weiß nicht, ob das wirklich eine gute Idee ist. Ich habe einen anstrengenden Job, und der Schichtdienst macht ihn nicht leichter. Im Urlaub will ich mich total entspannen, in der Sonne liegen, einen dicken Liebesroman lesen und ansonsten nichts tun. Mit Kind wird daraus vermutlich nichts. Jonas ist außerdem ein Junge, der ständig beschäftigt werden will. Ich kann mir nicht vorstellen, dass ich auch nur zehn Minuten Ruhe finden werde. Und wie soll das abends werden? Schön essen gehen, irgendwo am Hafen einen Wein trinken – das geht doch alles gar nicht, wenn Jonas dabei ist. Das klingt jetzt hart, aber Jonas hat eine Mutter, die auch mit ihm in die Ferien fahren kann. Wenn Uli seinen Sohn unbedingt mal eine längere Zeit für sich haben will als ein Wochenende, soll er ruhig ein paar Tage mit ihm verreisen – aber bitte ohne mich.

Durch die Scheidungsformalitäten verbringt Uli viel Zeit beim Anwalt, aber auch zu Hause bei seiner Frau, um alles durchzusprechen. Das ist schwer auszuhalten. Oft kommt er von solchen Terminen vollkommen gestresst und genervt zurück, für uns ist der Abend dann auch gelaufen. Als Single unterschätzt man immer, wie viel Kraft und Energie eine Scheidung kostet. Man mag denken, dass eine Scheidung auch nichts anderes als eine Trennung ist, die wir schließlich alle schon mal erlebt haben. Doch eine Scheidung bringt ganz andere Konsequenzen mit sich. Eine Psychologin bei uns im Krankenhaus hat mir neulich erzählt, dass viele Paare bis zu sieben Jahre brauchen, um sich von der Scheidung gefühlsmäßig zu erholen. Das war mir völlig neu, schließlich verlieben sich die meisten ja doch nach relativ kurzer Zeit wieder. Aber die Enttäuschung über die gescheiterte Ehe nagt wohl doch noch eine ganze Weile.

Uli und seine Frau haben keinen Ehevertrag, sondern eine ganz normale Zugewinngemeinschaft. Uli ist Alleinverdiener, da sie seit Jonas' Geburt nicht mehr arbeitet. Das Geld auf Ulis Konto gehört also beiden, obwohl sie nichts dafür getan hat. Ich weiß, dass man das so nicht sehen kann, schließlich hat sie ja in der Zeit Familienarbeit geleistet. Sie fordert jetzt von allem knallhart die Hälfte. Und natürlich Unterhalt für sich und das Kind.

Für Uli hat das die Konsequenzen, dass er keine großen Sprünge machen kann. Ich hatte mir eigentlich in den Kopf gesetzt, im Frühjahr in die Karibik zu fliegen, aber das kann sich Uli gar nicht leisten. Uli muss jetzt zwei Wohnungen bezahlen – eine für sich, eine für seine Frau und Jonas – dazu kommt der Unterhalt und die beiden Autos. Das ist eine ganze Menge für einen Ingenieur, der noch ziemlich am Anfang seiner Karriere steht.

Im Prinzip könnte er ja zu mir ziehen, das würde seinen Geldbeutel entlasten, aber dafür ist es noch zu früh. Möglicherweise würde so unsere Beziehung in Gefahr geraten. Unsere Liebe ist einfach noch zu frisch, um schon den Alltag miteinander zu teilen. Außerdem arbeite ich als Krankenschwester oft auch nachts und brauche geregelte Abläufe, um richtig entspannen zu können.

Uli und seine Frau bemühen sich zurzeit, den Hausrat so aufzuteilen, dass jeder auf seine Kosten kommt und Uli sich nicht komplett neu einrichten muss. Aber selbst das scheint nicht einfach zu sein. Wenn ich das richtig sehe, gibt es um die wertvolleren Sachen regelmäßig Streit.

Ich versuche, mich aus all dem so gut wie möglich herauszuhalten. Und vor allem nicht automatisch gegen seine Frau Partei zu ergreifen. Als neue Partnerin läuft man schon Gefahr, die Ehefrau zu verteufeln, da ich ja fast täglich mitkriege, wie sehr Uli die Scheidung und das ganze Drumherum unter die Haut gehen. Wenn dann noch jemand gezielt Stolpersteine wirft, wird es für den anderen erst recht unerträglich.

Andererseits ist es für seine Frau bestimmt auch nicht einfach. Sicher, sie war es, die der Ehe keine Chance mehr gegeben hat und die unbedingt Abstand brauchte. Dann hat sie sich auch noch verliebt – und die Trennung war endgültig. Uli erzählt wenig über diese Zeit, aber so wie ich ihn kenne, hat er sicherlich gelitten wie ein Hund. Ich bin seine erste feste Beziehung seit der Trennung, und manchmal spüre ich seine Unsicherheit und seine Angst, dass wieder alles in die Brüche gehen könnte. Das Scheitern seiner Ehe hat bei ihm tiefe Wunden hinterlassen.

Wir haben aber auch viel Spaß miteinander und sind richtig heftig verliebt. Man darf nicht immer nur die Probleme sehen, die ein Secondhand-Mann mitbringt. Sicher ist eine Beziehung mit einem Single unbeschwerter, weil beide nur nach vorn schauen können. Ein Mann, der schon mal eine Familie gegründet hat, muss sich eben seiner Verantwortung stellen. Das gilt für Frauen natürlich genauso. Es hängt alles davon ab, wie die Erwachsenen mit ihren Gefühlen und Befindlichkeiten umgehen. Dann steht auch einer neuen Liebe nichts im Weg.

Ich hoffe allerdings, dass Jonas für uns nicht zum Problem wird. Bislang hat Uli meine Haltung akzeptiert und mich nicht dazu gedrängt, Stiefmutter zu spielen. So lange wir zwei getrennte Wohnungen haben, kommen wir sicher auch weiter prima miteinander aus. Aber was passiert, wenn Uli und ich zusammenziehen wollen, um uns eine gemeinsame Zukunft aufzubauen? Davor habe ich ein bisschen Angst, denn dann werde ich mich vermutlich nicht mehr davor drücken können, dass wir nicht nur ein Paar, sondern auch eine Familie, wenn auch immer nur auf Zeit, sind.«

7. »Noch eine Hochzeit? Kommt für uns nicht in Frage.«

Petra, 43, lebt seit vier Jahren mit einem zweimal geschiedenen Mann zusammen. Sie selbst ist ledig. Ihr Partner, Jürgen, 50, hat eine erwachsene Tochter aus erster Ehe.

»Manche halten Männer (oder auch Frauen), die mehrmals geschieden sind, für eine Art Wiederholungstäter. Nach dem Motto: Haben die denn aus ihren Fehlern gar nichts gelernt? Oder, noch schlimmer: Nehmen die die Ehe nicht ernst?

Als ich Jürgen traf, dachte ich ähnlich. Der Mann hat zwei kaputte Ehen hinter sich, den meisten reicht eine gescheiterte Ehe fürs Leben. Die nächste sollte dann eigentlich halten. Also liegt es möglicherweise an ihm? Ist der Mann zu kompliziert? Wählerisch? Anspruchsvoll? Verliebt er sich ständig neu? Ist das Zusammenleben mit ihm unerträglich? Oder hat er einfach Pech gehabt?

Eigentlich sind mir Männer wie Altkanzler Schröder oder Joschka Fischer suspekt. Männer, die zum dritten, vierten oder fünften Mal verheiratet sind und deren Frauen mit jeder Ehe immer jünger werden. Die Tatsache, dass sie ihre Frauen im Zehnjahresturnus austauschen, spricht nicht gerade für sie, sondern lässt eher auf ein eigenartiges Verständnis von Partnerschaft und auf ein höchst unemanzipiertes Frauenbild schließen. Solche Männer haben mich nie interessiert. Im Gegenteil.

Ich habe eher einen Bogen um sie gemacht. In meinem Beruf als Eventmanagerin habe ich oft die Gelegenheit, Männer mit Geld und Einfluss kennenzulernen, und der ein oder andere Flirtversuch bleibt da auch nicht aus. Aber zu meinen Grundsätzen gehört, Beruf und Privatleben nicht miteinander zu vermischen, und deshalb bleibe ich lieber auf Distanz. Außerdem möchte ich nicht zu einer Trophäe werden, die sich einer dieser erfolgreichen Machos an sein Revers heftet.

Jürgen hat einen völlig unspektakulären Job als Lehrer an einem Gymnasium. Ganz ohne Glanz und Glamour. Wir haben uns beim Sport getroffen und fanden uns gleich sympathisch. Von seinem Privatleben habe ich natürlich nichts gewusst, ich bin davon ausgegangen, dass ein attraktiver Mann Mitte Vierzig, der mehrere Abende in der Woche im Fitness-Studio verbringt, entweder unglücklich verheiratet oder frisch geschieden ist.

Als wir das erste Mal zusammen essen gegangen sind, hat er mir erzählt, dass seine Tochter einen Studienplatz bekommen hat, und ich muss ziemlich überrascht ausgesehen haben. Dass Jürgen eine erwachsene Tochter hat, hätte ich auch wirklich nicht erwartet. Julia stammt aus seiner ersten Ehe. Die Eltern ließen sich scheiden, als Julia zehn Jahre alt war, und da Julias Mutter einen Job im Ausland bekam, blieb die Tochter beim Vater.

Es ist ja eher ungewöhnlich, dass geschiedene Väter ihre Kinder erziehen, und ich habe Hochachtung vor jedem, der diese Aufgabe übernimmt. Jürgen hat seine Sache als allein erziehender Vater wirklich gut gemacht. Denn Julia ist eine kluge, engagierte junge Frau, der im Leben alle Wege offenstehen.

Jürgens erste Ehe ist seiner Meinung nach am Ehrgeiz seiner Frau gescheitert. Ihr sei die Karriere wichtiger gewesen als die Familie, sagt er, und deshalb habe sie ihn verlassen. Ich kann das nicht beurteilen, da ich Jürgens erste Frau nicht kenne.

Der Grund für das Scheitern der zweiten Ehe heißt Julia. Es war Jürgens Tochter, die damals in der Pubertät keiner Frau in Jürgens Leben eine Chance geben wollte, das sagt sie heute sogar selbst. Jürgen und seine zweite Frau Gesine haben geheiratet, als Julia zwölf war, also zwei Jahre nach der ersten Scheidung. Ich kenne Gesine, die inzwischen mit einem anderen Mann glücklich verheiratet und Mutter eines kleinen Jungen ist. Gesine ist eine sehr sympathische, liebenswerte Frau, die einer zickigen, halbwüchsigen Tochter sicher nicht gewachsen war. Ich kann mir lebhaft vorstellen, was Julia ihrem Vater und seiner Frau an Drama und Theater geboten hat. Und da Jürgen ein Vater ist, der seiner Tochter zwar Grenzen setzt, ihr aber auch viele Möglichkeiten zu selbständigen Entscheidungen gibt, ist Gesine vermutlich zwischen diesen beiden Fronten untergegangen.

Jürgen und seine zweite Frau haben heute ein fast freundschaftliches Verhältnis, seine Tochter und Gesine dagegen schleichen immer noch wie zwei feindliche Katzen umeinander herum. Dabei habe ich Gesine als eine fast harmoniesüchtige Frau erlebt, die lieber einem Streit aus dem Weg geht.

Jürgens zweite Ehe hielt nur drei Jahre, dann ist Gesine geflohen. Ich kann das sogar verstehen, denn Julia kann ein ziemliches Biest sein. Inzwischen ist sie klüger und reifer, aber damals hat sie sicher all ihre Trümpfe bei Papa ausgespielt. Und da die Mutter nicht vor Ort war, Jürgen die gesamte Verantwortung allein trug, war auch das Band zwischen Vater und Tochter besonders stark. Julia hat Gesine den Alltag zur Hölle gemacht. War patzig zu ihr, zu ihrem Vater dagegen zuckersüß. Wenn die beiden einen Abend für sich haben wollten, bekam sie Bauchweh oder es war ihr schlecht. Also musste sich Jürgen wieder um sie kümmern.

Im Grunde hat sich in Jürgens Ehe mit Gesine alles nur um Julia gedreht. Und Julia hat wirklich alles versucht, Gesine das Leben schwerzumachen. Sie hat über ihre Figur gelästert, was ohnehin Gesines wunder Punkt ist, sie fand Gesines Ansichten von gestern, ihren Modestil spießig, die Haare schrecklich. Das Essen hat ihr nicht geschmeckt, sie ist gekommen und gegangen, wann es ihr gepasst hat. Der Einzige, der mit ihr reden konnte, war Jürgen. Aber der hat das Verhalten seiner Tochter viel zu lange toleriert. Meiner Meinung nach hätte er schon früh klar Position beziehen und seiner ungezogenen Tochter Grenzen setzen müssen. So ist die Situation immer weiter eskaliert bis die Ehe irgendwann keine Chance mehr hatte.

Ich habe sozusagen das Glück gehabt, Jürgen erst Jahre später begegnet zu sein. Ich bin aber auch ein anderer Typ als Gesine. Nicht besonders mütterlich und vielleicht daher auch keine Bedrohung für Julia. Das Verhältnis zwischen Julia und mir ist durchaus freundschaftlich, wenn auch nicht allzu eng. Was mir ganz lieb ist. Julia wohnt inzwischen nicht mehr bei ihrem Vater, schon allein deshalb können wir einen sehr entspannten Umgang miteinander pflegen.

Außerdem haben Jürgen und ich nicht vor zu heiraten. Ich

finde, zwei Ehen sind genug. Auch wenn Jürgen keinerlei Unterhaltsverpflichtungen gegenüber seinen Exfrauen hat und man heute auch nicht mehr von einer emotionalen Belastung sprechen kann, kann ich es verstehen, wenn er vor einer dritten Ehe zurückschreckt. Und ich selbst brauche keinen Trauschein, um mit meinem Partner glücklich zu sein. Wir sind zwei erwachsene Menschen, die ihr Leben gemeinsam gestalten wollen und den Staat oder die Kirche dafür nicht brauchen. Ob wir jemals zusammenziehen? Auch das steht noch nicht fest. Zurzeit ist unsere Partnerschaft, so wie sie ist, perfekt.

Ein Mann, der im Überschwang der Gefühle heiratet und sich dann nach wenigen Jahren ebenso leichtfertig scheiden lässt, ist Jürgen jedenfalls nicht. Dass beide Ehen gescheitert sind, hat ihn schwer getroffen. Und dass für ihn immer seine Tochter im Mittelpunkt stand, spricht schließlich nicht gegen ihn. Man kann einem Vater, der das Sorgerecht für sein Kind übernommen hat, nicht vorwerfen, dass er sich um seine Tochter kümmert. Julia sagt heute selbst, dass sie damals in einer schwierigen Phase war. Wenn eine Partnerschaft in die Brüche geht, ist es ja niemals nur ein einziger Faktor, der alles zum Einstürzen bringt, sondern es kommen viele Dinge zusammen. Auch bei Jürgens zweiter Ehe lag es nicht an seiner Tochter allein. Aus der Distanz betrachtet haben sicherlich alle Fehler gemacht. Für mich zählen aber Gegenwart und Zukunft und nicht die Vergangenheit.

Wenn ich über meine Beziehung mit einem zweimal geschiedenen Mann ein Fazit ziehen soll, dann sehe ich keinen wesentlichen Unterschied zu einer Beziehung mit einem ledigen Mann. Die beste Strategie ist meiner Meinung nach, die

Vergangenheit zu akzeptieren, aber selbstbewusst nach vorne zu schauen. Und nicht wie das Kaninchen vor der Schlange zu erstarren, wenn sich die Exfrau meldet. Mit einer neuen Partnerschaft fängt ein neues Lebenskapitel an, und da sollte man sich von niemandem reinreden lassen.«

8. »Es bleibt immer ein Stück Trauer.«

Irene, 34, hat einen verwitweten Mann geheiratet. Andreas, 36, brachte zwei Kinder, Tim, 7, und Lukas, 5, mit in die Ehe. Seine erste Frau war zwei Jahre zuvor an Krebs gestorben.

»Ich habe mich in Andreas verliebt, ohne zu wissen, dass er verwitwet war. Als er mir von seinen Kindern erzählt hat, dachte ich erst, er sei geschieden und allein erziehender Vater. Zu erfahren, dass Paula, seine erste Frau, an Krebs gestorben ist, hat mich sehr erschüttert. Sie litt an Darmkrebs, die Krankheit breitete sich rasend schnell aus – sie hatte keine Chance. Für Andreas und die Kinder muss das eine furchtbare Zeit gewesen sein. Lukas war ja noch sehr klein, Tim im Kindergarten und Andreas hat versucht, irgendwie weiterzumachen, für die Kinder da zu sein, obwohl er selbst am Boden war.

Wir lernten uns zufällig auf einem Geburtstagsfest bei gemeinsamen Bekannten kennen, ich war seit einem halben Jahr wieder Single, da ich mich von meinem langjährigen Lebenspartner getrennt hatte, was keine leichte Entscheidung gewesen war. Die Enttäuschung, dass sich unsere Lebensziele nicht vereinbaren ließen, saß tief.

Andreas war mir gleich aufgefallen. Er stand allein mit einem Glas Wein im Garten und bewunderte offensichtlich die Blumen. Jedenfalls war er so in den Anblick von Klatschmohn und Kornblumen versunken, dass man meinen konnte, das Fest interessiere ihn überhaupt nicht. Ich starrte ihn an, und er muss meinen Blick im Rücken gespürt haben, denn plötzlich drehte er sich um und sah mich an. Wir mussten beide lachen, kamen ins Gespräch und verbrachten einen wunderbaren Abend miteinander.

Für mich war es Liebe auf den ersten Blick, bei Andreas spürte ich jedoch eine gewisse Zurückhaltung, die ich mir damals damit erklärte, dass ich in ihm eben nicht dieselben Gefühle weckte wie er in mir. Ich war es dann auch, die ihn ein paar Tage nach dem Fest anrief, um ihn zu fragen, ob wir abends mal gemeinsam in einer netten Tapas-Bar ein Glas Wein trinken wollten. Er antwortete, dass er mit dem Babysitter sprechen müsse – und so erfuhr ich von Tim und Lukas.

Andreas hatte seit Paulas Tod wie ein Mönch gelebt, er hatte weder Lust noch Gelegenheit auf einen Flirt oder gar eine Affäre gehabt. Ich war seine erste Beziehung, und es hat lange gedauert, bis Andreas unser Glück unbefangen genießen konnte.

Die Kinder waren zunächst irritiert, haben manchmal sogar ablehnend reagiert, aber Schritt für Schritt sind wir uns alle nähergekommen. Es war gut, dass Andreas in einer Selbsthilfegruppe über seine Trauer sprechen konnte, und ich habe oft eine befreundete Therapeutin um Rat gefragt. Wie soll ich den Umgang mit den Kindern gestalten? Welche Rolle kann ich ihnen gegenüber einnehmen? Was können wir tun, damit wir die Vergangenheit nicht gänzlich aus unserem Leben ausschließen, sie aber auch nicht zu sehr in unsere Beziehung eindringen lassen? Fragen, bei deren Beantwortung mir die Therapeutin sehr geholfen hat.

Der Schmerz über den Tod der Mutter ist bei den Kindern immer noch deutlich zu spüren. Ich kann Paula nicht ersetzen, das will ich auch gar nicht. Und obwohl wir jetzt schon eine Weile zusammenwohnen, lege ich großen Wert darauf, dass Andreas derjenige ist, der die Kinder erzieht. Was nicht heißt, dass ich mich ganz heraushalte. Aber er ist ihr Vater, und es ist seine Aufgabe, die entscheidenden Grenzen zu setzen. Wie gehen wir zu Hause miteinander um? In welchem Ton reden wir miteinander? Wie viel Fernsehen ist erlaubt? Welche Vereinbarungen treffen wir, und was passiert, wenn man sich nicht daran hält?

Ich spiele eher die Rolle einer Freundin oder eine Art große Schwester, die ihnen bei den Schularbeiten hilft, mit ihnen tolle Sachen unternimmt und sich um sie kümmert. Das sind zwar auch die Aufgaben einer Mutter, trotzdem übernehme ich dadurch nicht die Mutterrolle, sie bleibt unangetastet. Das hat den beiden Jungen viel Sicherheit und Vertrauen gegeben. Sie dürfen weiterhin ihre Mutter liebhaben und um sie trauern, ohne mir gegenüber irgendwie verpflichtet zu sein. Ich weiß inzwischen, dass die beiden sehr an mir hängen, aber Paula wird dennoch immer ihre Mama bleiben.

Am Anfang unserer Partnerschaft habe ich mich oft gefragt, ob Andreas und ich eine Zukunft haben oder ob Paulas Tod das Verhältnis zwischen uns beiden zu sehr belastet. Auch hierbei haben mir die Gespräche mit der Therapeutin sehr geholfen. Denn natürlich hing trotz aller Verliebtheit und Romantik die Trauer manchmal wie ein Schatten über Andreas. Aber ich habe gelernt, dass die Trauer meinen Mann und die Kinder immer ein Stück weit begleiten wird.

Das hat aber nichts mit unserer gemeinsamen Geschichte und mit unserer Liebe zu tun.

Ob wir uns vorstellen können, ein gemeinsames Kind zu bekommen? Auf jeden Fall. Aber wir lassen uns bewusst Zeit, damit Tim und Lukas die Möglichkeit haben, sich an mich und unsere neue Familie zu gewöhnen. Ich selbst habe mir immer Kinder gewünscht und durch die Heirat mit Andreas ja unverhofft gleich zwei geschenkt bekommen. Noch ein Baby würde unsere Familie komplett machen. Und ich glaube, auch Tim und Lukas sind inzwischen so weit, dass sie sich über ein Geschwisterchen freuen können.

Am Anfang unserer Beziehung habe ich manchmal daran gezweifelt, dass ich die Kraft haben würde, mit Paulas Schatten zu leben. Überall hängen zum Beispiel Bilder von ihr. Die Kinder haben die Bilder ihrer Mutter in ihren Zimmern aufgehängt, aber auch auf meinem Biedermeiertisch steht gleich neben unserem Hochzeitsbild ein Foto von Paula. Ohne den besonnenen Rat meiner Therapeutin hätte ich es vermutlich nicht geschafft, damit fertig zu werden. Doch mit ihrer Hilfe habe ich eingesehen, dass es für die Kinder, aber auch für Andreas wichtig ist, Paula nicht zu verdrängen. Die Kinder müssen die Möglichkeit haben, über ihre Mutter sprechen zu dürfen, sie in ihrem Gedächtnis lebendig zu erhalten. Sie brauchen die Erinnerung an schöne Momente, an Ferien, Ausflüge und an Paulas liebevolle Art. Oft, wenn wir vier gemütlich beisammensitzen, erzählen Tim und Lukas von ihrer Mutter, und es wäre schrecklich für sie, wenn ich das Gespräch aus falscher Eifersucht abblocken würde.

Aber es sind auch nicht die Erinnerungen der Kinder, die für mich früher manchmal schmerzhaft waren, sondern die meines Mannes. Ich war häufig unsicher, wie ich den zärtlichen Ton in seiner Stimme oder seine Tränen, die er mir nicht zeigen wollte, einordnen sollte. Ich dachte dann: Vielleicht liebt er Paula mehr als mich und wird nie aufhören können, um sie zu trauern. Es hat mir gutgetan, über diese Ängste zu sprechen, denn Andreas gegenüber habe ich sie nie erwähnt. Durch die Therapie habe ich verstanden, dass Andreas und die Jungen diese positiven Erinnerungen brauchen, um Wege aus der Trauer zu finden. Und ich habe auch gelernt zu akzeptieren, dass diese Dinge Zeit brauchen.

Ich bin glücklich über meine Familie und kann mir ein Leben ohne Andreas und die Kinder nicht mehr vorstellen. Einen allein erziehenden Vater zu heiraten, stellt selbstverständlich andere Ansprüche an die Partnerschaft als die Beziehung zu einem ledigen Mann. Da man von Anfang an nicht nur zu zweit ist, sondern die Kinder immer auch Teil der Beziehung sind, muss man akzeptieren, dass die Zeit, die andere frisch verliebte Paare für sich haben, geteilt wird. Geschiedene Männer habe ja oft nur Umgangsrecht mit ihren Kindern, und die Besuchsregelung sieht dann vor, dass die Kinder ein Wochenende oder eine bestimmte Zeit in den Ferien beim Vater verbringen. Da gibt es genügend Freiräume für Zweisamkeit. Das war bei uns natürlich ganz anders. Wenn wir einen Abend allein verbringen wollten, brauchte Andreas einen Babysitter, und oft genug haben uns die Kinder einen Strich durch die Rechnung gemacht, weil sie gemault, geschrien oder getobt haben und einfach nicht daran zu denken war, sie mit dem Babysitter allein zu lassen. Auch wenn wir uns noch so sehr darauf gefreut hatten – der

Abend beim Italiener oder mit Freunden fiel dann aus. Ich war dann furchtbar enttäuscht und sauer auf die Kinder, aber Andreas blieb nichts anderes übrig, als zu Hause zu bleiben.

Das sind schon harte Belastungsproben für eine neue Beziehung, und ich kann mir vorstellen, dass unter diesen erschwerten Bedingungen Gefühle schneller abkühlen als einem lieb ist. Wir haben durchgehalten. Die Kinder haben sich Schritt für Schritt an die neue Situation gewöhnt, und wir haben uns unsere freien Abende hart erkämpft. Wir halten es immer noch so, dass wir an einem Abend in der Woche etwas ohne die Kinder unternehmen. Und ich merke jedes Mal, wie gut es uns tut, aus dem Alltagstrott herauszukommen.

Ein allein erziehender Vater trägt vollständig die Verantwortung für seine Kinder, wodurch die neue Partnerin gar nicht unumschränkt im Mittelpunkt stehen kann. Den Last-Minute-Flug in die Karibik kann man also vergessen, wenn die Kinder schulpflichtig sind. Als Singlefrau vergisst man oft, dass Kinder nicht nur Zuwendung und Liebe brauchen. Sie zwingen einen auch in ein Zeitkorsett, das die gewohnten Aktivitäten einengt. Wie oft wir Chauffeur für die beiden Jungen spielen, glaubt mir keine meiner kinderlosen Freundinnen – zu Freunden, zum Fußball, zum Tennis, zum Kinderchor. Man ist ständig unterwegs, plant Fahrgemeinschaften mit anderen Eltern, hat einen straff durchorganisierten Tag und ist abends zu erschöpft, um ins Kino zu gehen. Wer da nicht aufpasst, mutiert schnell zur Couch-Potatoe. Kein Wunder, wenn so die Liebe auch wieder einschläft.

Wichtig war mir, dass wir nach unserer Heirat in eine neue Wohnung ziehen, die wir beide neu einrichten. Wir haben nur

Möbel und Erinnerungsstücke, an denen wir besonders hängen, mitgenommen, viele andere Sachen haben wir zum Teil verkauft, aber auch verschenkt oder zum Sperrmüll gebracht. Das Schlafzimmer haben wir komplett neu eingerichtet, die Kinderzimmer zum großen Teil so übernommen, wie sie vorher waren. Wir haben lange überlegt, ob wir den Kindern den Umzug zumuten können, aber die Vorstellung, mit Andreas in einem Haushalt zu leben, in dem praktisch jedes Stück die Handschrift von Paula trägt, fand ich bedrückend. Bei allem Verständnis für den Wunsch, das Andenken an Paula zu erhalten, hätte mir die Umgebung auf Dauer die Luft zum Atmen genommen. Es war eine kluge Entscheidung, gemeinsam neu anzufangen, und ich bin froh, dass es zwischen Andreas und mir darüber auch keine Diskussion gab.

Heute sind wir eine ganz normale Familie, wenn auch mit einer besonderen Geschichte. Ich glaube, das macht uns sogar stark.«

9. »Immer der Streit ums Geld. Ich konnte das nicht aushalten.«

Monika, 29, hat sich nach einem Jahr von ihrem geschiedenen Freund getrennt. Klaus, 35, muss für seine Exfrau und für die Kinder, Nele, 6, und Henry, 4, Unterhalt zahlen.

»Klaus und ich hatten eine schöne Zeit, aber eigentlich war von Anfang an klar, dass unsere Beziehung auf Dauer keine Chance hat. Seine gescheiterte Ehe nimmt Klaus noch viel zu sehr gefangen. Er kann sich nicht davon lösen – wie auch, wenn er die Hälfte seines Nettoeinkommens abgeben und in einer Zweizimmerwohnung leben muss, während seine Exfrau das Haus behalten darf. Gut, sie ist für die Kinder da, hat vor Jahren ihren Beruf aufgegeben, aber im Grunde könnte sie längst wieder arbeiten, zumindest halbtags.

Alle schönen Momente mit Klaus werden überlagert vom ewigen Streit ums Geld mit seiner Ex und seiner Verzweiflung über seinen angeblichen finanziellen Ruin. Mir war das oft zu viel, obwohl ich ihn verstehen konnte – und kann. Er rackert sich in der Firma ab und hat letztlich nichts davon, denn jeden Cent, den er mehr verdient, muss er ja doch abgeben.

Als wir noch zusammen waren, musste er ständig rechnen. Wir hatten sowieso schon immer getrennte Kassen, aber ich hatte bei jedem Cappuccino, zu dem er mich eingeladen hat, ein schlechtes Gewissen. Essen gehen, Einladungen, Urlaub –

Klaus war irgendwie immer pleite. War mal Geld übrig, hat er den Kindern ein Geschenk gemacht, denn die sollten auf keinen Fall zu kurz kommen. Für uns blieb nichts übrig.

Am Anfang schwebt man ja auf Wolke sieben, da hat mir das auch alles nichts ausgemacht. Aber mit der Zeit denkt man auch über eine gemeinsame Zukunft nach. Wenn alles gut läuft, will man zusammenziehen, gemeinsam etwas aufbauen. Aber Klaus bekam regelrechte Panikattacken, wenn es darum ging, Pläne zu machen. Bloß nicht noch mehr Verpflichtungen – das war sein Lebensmotto.

Aber eine unverbindliche Beziehung ist nichts für mich. Ich will einen Partner, der Verantwortung übernimmt und der sich, wie ich, eine Familie wünscht. Da Klaus aber bereits eine Familie hatte, war das Thema für ihn abgehakt. Außerdem hat er wohl so schlechte Erfahrungen gemacht, dass er sich immer ein Fluchttürchen offenhielt – was mich maßlos gekränkt hat.

Wir haben uns stundenlang die Köpfe heißgeredet, wie es mit uns weitergehen könnte, aber wir sind nie zu einem Ergebnis gekommen. Selbst wenn wir uns nach einem Streit im Bett versöhnt haben, kamen wir der Lösung keinen Schritt näher. Die Aussicht, noch viele Jahre die Hälfte seines Verdienstes abgeben zu müssen, hat Klaus mutlos gemacht. Und ich stand hilflos da und dachte: Das führt doch zu nichts, wie wollen wir ein gemeinsames Leben aufbauen? Unsere Lebenswege liefen einfach nicht parallel. Er wünschte sich zwar Liebe und Partnerschaft, wollte aber auf keinen Fall in neue Abhängigkeiten geraten. Und ich träumte von einer Zukunft mit Familie. Das konnte nicht gutgehen.

Dabei war es seine Exfrau, die die Scheidung eingereicht hat, weil sie sich unsterblich in einen früheren Kollegen verliebt hatte. Die beiden haben sich auch schon wieder getrennt – und Klaus hat den schwarzen Peter gezogen. Er weiß ganz genau, dass er in den nächsten Jahren auf keinen grünen Zweig kommen wird.

Eigentlich wäre es das Beste, wenn er sich mit seiner Ex versöhnen würde, aber da sie sich die meiste Zeit ums Geld streiten, ist das eher unwahrscheinlich. Außerdem kann Klaus ihr nicht verzeihen, dass sie eine Affäre hatte. Ich denke, dass Klaus einfach noch nicht reif ist für eine neue ernsthafte Partnerschaft. Und vielleicht ist es auch tatsächlich besser für ihn, noch eine Weile ungebunden zu bleiben.

Es sind ja nicht nur die monatlichen Zahlungen, die ihn so belasten. Ihm sitzt der Schock der Trennung immer noch in den Knochen, und unter diesen Voraussetzungen kann man sicherlich flirten, aber nicht lieben. Als wir uns kennenlernten, habe ich das in dieser Konsequenz nicht erkannt und in dem naiven Glauben gelebt, unsere Gefühle füreinander seien stark genug. Denkste. Gefühle werden eben auch von äußeren Bedingungen beeinflusst, und wenn diese so ungünstig sind wie im Fall von Klaus und mir, muss man sich wahrscheinlich nicht wundern, wenn die Liebe den Bach runtergeht.

Klaus hat sich ständig Sorgen gemacht, dass ihm irgendwann das Geld ausgeht. Er war regelrecht besessen von der Angst, ein Sozialfall zu werden. Die Unterhaltszahlungen, die Hypothek für das Haus, die Miete für seine Wohnung, das Auto, die Versicherungen – immer nur Rechnungen, Mahnungen und Abbuchungen. Ich kann gut verstehen, dass einen dieser Druck mürbe macht. Klaus hat wirklich viel gearbeitet, oft Überstunden gemacht und immer noch mehr Aufgaben übernommen. Sein schlimmster Albtraum war, den Job zu verlieren, falls sich in der Firma die Machtverhältnisse ändern. Schon länger kursieren Gerüchte, dass sein Chef die Firma an einen großen Konzern verkaufen will. Klaus ist Software-Spezialist und sitzt eigentlich fest im Sattel, aber heutzutage stehen selbst gute Leute plötzlich auf der Straße. Und was dann? Wer finanziert dann die Kinder, die Exfrau, das Haus?

Ich habe oft zu ihm gesagt: Du reibst dich total für eine Frau auf, die dich verlassen hat. Das ist doch nicht fair. Warum muss sie denn nicht auch etwas dazuverdienen? Ich verstehe das Familiengericht nicht. Da wird ein Mann völlig schuldlos in den Ruin getrieben und hat nicht die geringste Aussicht, eine neue Familie gründen zu können. An seiner Stelle würde ich wenigstens das Haus verkaufen. Aber Klaus will die Kinder nicht aus ihrer gewohnten Umgebung reißen. Und eine Mietwohnung für seine Ex und die Kinder würde genauso viel kosten wie die Hypotheken für das Haus.

Hinzu kommen natürlich noch die ganzen Extras für die Kinder. Nele ist im Ballett, Henry braucht ein Fahrrad und so weiter. Wenn das Telefon klingelte und seine Exfrau dran war, ging es garantiert wieder nur ums Geld. Entweder hatte er ihr zu wenig überwiesen oder im Haus war eine Reparatur zu bezahlen. Nach solchen Gesprächen war Klaus mir gegenüber manchmal richtig abweisend, als fühlte er sich von allen Seiten bedrängt. Andererseits brachte er es nicht fertig, seiner Ex und den Kindern Grenzen zu setzen. Wenn kein Geld da ist, gibt es eben kein neues Fahrrad. Basta. Aber natürlich wollte Klaus in der Reihenhaussiedlung, in der das Haus steht, den Schein wahren. Nach dem Motto: Ich bin der Supervater, ich sorge dafür, dass es meinen Kindern an nichts fehlt. Tja, da muss er sich dann nicht wundern, wenn für ihn selbst nichts mehr übrig bleibt.

Ich habe auf alle Fälle die Erfahrung gemacht, dass ich nicht die richtige Partnerin für einen Secondhand-Mann bin, zumindest dann nicht, wenn man mit so vielen Schwierigkeiten fertig werden muss wie wir. Das klingt vielleicht egoistisch oder pubertär, aber mir ist eine ehrliche Trennung lieber als das verlogene Verständnis für eine Situation, mit der man dann doch nicht fertig wird.

Ich wünsche mir einen Mann, mit dem ich eine Zukunft habe. Und nicht einen, der so viele Altlasten zu tragen hat, dass er darunter zusammenzubrechen droht. Klaus und ich haben versucht, miteinander glücklich zu werden. Es ist uns nicht gelungen. Punkt. Für mich sind die Gründe klar, Klaus sieht das anders, er glaubt immer noch, ich hätte uns mehr Zeit geben sollen. Aber ich denke nicht, dass sich unsere Situation im Laufe der Zeit grundlegend verbessert hätte. Ich konnte das Thema Geld einfach nicht mehr hören. Das Lamento über seinen Kontostand hat meine ganze Energie aufgezehrt. Und während wir uns Abend für Abend den Kopf zerbrochen haben, wie wir einen klitzekleinen Urlaub finanzieren, hat Klaus auf der anderen Seite nichts dagegen gehabt, dass seine Ex den Zweitwagen behält. Das passt doch nicht zusammen. Entweder man kann sich diese Extras leisten. Oder man lebt ständig vom Dispo, setzt dann aber alles daran, dass die Belastungen kleiner werden. Klaus hat versucht, beiden Seiten gerecht zu werden – aber das ist nicht möglich. Vielleicht gibt es ja Frauen, die ihrem

Secondhand-Mann zuliebe auf eine eigene Familie verzichten würden. Ich gehöre jedenfalls nicht dazu. Und ich bin froh, dass Klaus und ich den Mut hatten, auseinanderzugehen. Wir haben es nicht so weit kommen lassen, dass wir uns nicht mehr in die Augen schauen können. Wir können sogar ein Glas Wein miteinander trinken.

Ich wünsche Klaus, dass er eine Frau findet, die seine unverbindliche Art akzeptieren kann. Möglicherweise entspannt sich seine Lage auch – wenn seine Exfrau wieder in den Beruf einsteigt oder einen neuen Partner findet und wieder heiratet. In beiden Fällen wird Klaus von seinen finanziellen Sorgen entlastet und kann aufatmen. Das gibt ihm dann sicher auch die nötige Gelassenheit und Zuversicht für eine Beziehung mit Zukunft.

Als ich mich in Klaus verliebt habe, war mir nicht klar, welche und vor allem wie viele Probleme auf mich zukommen würden. Es wäre sicher besser gewesen, mit etwas weniger Gefühl, dafür aber mehr Rationalität an die Sache ranzugehen. Aber wer hört schon auf den Verstand, wenn er bis über beide Ohren verknallt ist? Die Liebe kann eben keine Probleme lösen, sie verleitet höchstens dazu, die Schwierigkeiten zu unterschätzen.

Ob ich mich noch einmal für einen Secondhand-Mann entscheiden würde? Keine Ahnung, aber man soll bekanntlich nie ›Nie‹ sagen. Allerdings wäre ich beim nächsten Mal zurückhaltender und würde die Chancen der Beziehung kühler analysieren. Und eins weiß ich ganz sicher: Noch einmal würde ich so ein Theater um Unterhalt nicht mitmachen. Ich schaue bei einem neuen Partner zwar nicht auf sein Bankkonto, aber existenzielle Geldsorgen sind der Tod jeder neuen Beziehung. Da kann die Verliebtheit noch so groß sein.

Einen Secondhand-Mann zu lieben bedeutet eine Partnerschaft unter erschwerten Bedingungen zu führen. Aber manchmal machen diese Bedingungen die Liebe eben auch unmöglich.«

10. »Jede Trennung schlägt tiefe Wunden.«

Bettina, 48, ist selbst geschieden und hat ihre drei Kinder allein erzogen: Nicolas, 23, Maria, 20, und Max, 18. Nach der Trennung von ihrem Mann war sie lange Single, seit vier Jahren ist sie zum zweiten Mal verheiratet. Mit Günter, 55, ebenfalls geschieden.

»Meine erste Ehe ging auseinander, weil mein Exmann mich betrogen hat. Pikanterweise mit unserer Nachbarin, und ich habe tatsächlich sehr lange nichts bemerkt. Hinterher denkt man immer: Wie konntest du so blind sein? Ich war aber tatsächlich vollkommen ahnungslos und konnte im Nachhinein nur die Schauspielkunst meines Mannes bewundern. Denn seine Vorstellung des perfekten Familienvaters war oskarreif. Es hat sein Doppelleben so geschickt verheimlicht, dass das Ganze nur durch einen Zufall aufgeflogen ist. Der Klassiker: Als ich seine Jacke in die Reinigung bringen wollte, habe ich einen Zettel in der Tasche gefunden. Und darauf stand eine Liebeserklärung.

Noch am selben Abend hat er alles zugegeben – und ich stand vor den Scherben meiner Ehe. Noch nie hatte ich mich so gedemütigt gefühlt: seine Lügen, die Dreistigkeit, mit der er den Betrug in Szene gesetzt hat, die Frechheit, sich jede Nacht wieder zu mir ins Bett zu legen, seine Scheinheiligkeit den Kindern gegenüber. Das Ausmaß der Affäre hat mir den Boden unter den Füßen weggezogen. Sein Verhältnis mit unserer Nachbarin, einer Frau, die mich übrigens jeden Tag nett gegrüßt hat, ging schon seit Monaten.

Nachdem alles aufgeflogen war, habe ich darauf bestanden, dass er auf der Stelle auszieht. An eine Versöhnung war überhaupt nicht zu denken, dafür war ich zu sehr verletzt. Aber es erschien mir auch unerträglich, in unserem Haus zu bleiben und täglich der Frau zu begegnen, die meine Ehe zerstört hat. Die Kinder waren damals alle schon im Schulalter und klug genug, um zu verstehen, was zu Hause passierte. Sie befanden sich in einer Art Schockzustand. Ihr Vater war immer ihr Ideal und ihr Idol gewesen. Besonders unsere Tochter war ein Papa-Kind und hat ihn vergöttert. Maria ist mit dem Verhalten ihres Vaters am wenigsten klargekommen. Die beiden Jungen haben sich irgendwie arrangiert. Aber meine Tochter war am Boden zerstört.

Maria hat jahrelang kein einziges Wort mit ihrem Vater gesprochen. Er war eine Art Persona non grata für sie, und immer wenn das Gespräch auf ihn kam, hat sie demonstrativ geschwiegen oder sogar den Raum verlassen. Auch wenn die beiden inzwischen wieder miteinander sprechen, sind sie sich doch fremd geworden. Maria hat damals ihren Vater verloren, und erst das gute Verhältnis zu ihrem Stiefvater hat ihr Vertrauen in Männer halbwegs wiederhergestellt.

Mein erster Mann hat mit seiner Affäre alles aufs Spiel gesetzt. Nach unserer Scheidung hat er seine Geliebte geheiratet, die beiden haben sogar ein gemeinsames Kind. Auch ein Punkt, den Maria ihm nicht verzeihen kann. Für sie hat er eine Familie verlassen, um gleich darauf eine neue zu schaffen. Ganz ohne Übergang, als wären Frau und Kinder jederzeit austauschbar.

Natürlich musste er Unterhalt zahlen, ich habe jedoch vor dem Familiengericht klargestellt, dass ich selbst von diesem Mann nichts annehme. Er soll für die Kinder aufkommen, aber ich will nichts von ihm. Meine Anwältin hatte mir dringend geraten, nicht so störrisch zu sein und das, was mir per Gesetz zusteht, auch zu verlangen. Aber dazu war ich zu stolz.

Zum Glück hatte ich auch während meiner Ehe den Kontakt zu meiner alten Firma nie ganz verloren. Ich war Chefsekretärin und habe über all die Jahre meine Kolleginnen im Urlaub vertreten. So konnte ich erst als Aushilfe wieder einsteigen, dann bekam ich einen Vollzeitjob. Trennung und Scheidung waren keine schönen Erfahrungen, mein Exmann und ich haben es uns gegenseitig nicht leicht gemacht. Es ist viel schmutzige Wäsche gewaschen worden, und im Ort waren wir natürlich über Wochen Gesprächsthema Nummer eins. Der biedere Familienvater fährt angeblich in die Firma, er parkt sein Auto aber stattdessen irgendwo, schleicht sich in eines der Nachbarhäuser, um dort mit der Hausfrau ins Bett zu gehen. Das klingt wie eine von diesen Daily Soaps und ich wäre nicht im Traum darauf gekommen, dass ich einmal eine Hauptrolle in einer solchen Seifenoper spielen würde.

Ich habe dann das Haus verkauft, auch um den Kindern das Getuschel der Nachbarn zu ersparen. Die Scheidung der Geliebten meines Exmannes lief fast gleichzeitig mit unserer – unser Dorf erlebte sozusagen eine Sensation nach der anderen. Unsere Nachbarn haben noch vor mir ihr Haus verkauft, mein Exmann hat sich beruflich verändert und ist mit seiner neuen Partnerin in eine andere Stadt gezogen. Dort leben sie immer noch, offensichtlich ist er mit seiner neuen Familie glücklich geworden.

Für unsere drei Kinder zahlt er immer noch Unterhalt, Max macht nächstes Jahr Abitur, die beiden anderen studieren. Bis sie mit ihrer Ausbildung fertig sind, ist er unterhaltspflichtig. Natürlich hat er sich darüber schon oft beklagt. Den Kindern ginge es nur ums Geld, vor allem Maria würde sich den Teufel um ihn scheren, aber für die monatliche Überweisung sei er gut genug. Nicolas hat ebenfalls ein distanziertes Verhältnis zu seinem Vater, doch er ist längst nicht so nachtragend wie seine Schwester. Max ist eigentlich der Einzige, der engen Kontakt zu ihm hält und seinen Vater, inklusive der neuen Familie, regelmäßig besucht. Für ihn war die Trennung damals auch am schlimmsten, geradezu traumatisch. Er hatte sich eine Zeitlang vollkommen in sich zurückgezogen, und ich hatte große Angst, dass er unter die Räder kommt. Wir leben zwar nicht in der Großstadt, aber die Jugendlichen kommen ja heute überall an Drogen. Oder sie trinken zu viel Alkohol. Um Max habe ich mir jedenfalls am meisten Sorgen gemacht. Einmal, Max war 15, rief die Polizei an, ich solle meinen betrunkenen Sohn bei ihnen abholen. Er habe mit ein paar anderen Jugendlichen auf der Straße randaliert. Ich war völlig verzweifelt als ich meinen verdreckten, nach Bier stinkenden Sohn auf dem Revier in Empfang nahm. Auf der Fahrt nach Hause habe ich ihn furchtbar angeschrien – was sowieso sinnlos war, da er gar nichts mitbekommen hat.

Die nächsten Wochen waren schrecklich. Ich konnte vor Angst und Sorgen nicht schlafen, Max machte völlig dicht, nicht einmal seine Geschwister ließ er an sich ran. In meiner Not habe ich dann einen Erziehungsberater um einen Termin gebeten – ohne Max. Letztlich habe ich dann mehr über meine

Scheidung gesprochen als über meinen Sohn, aber mir ist auch klargeworden, wie sehr gerade Max unter der Trennung von seinem Vater gelitten hat. Der Junge hat seinen Kummer runtergeschluckt bis er wie ein Dampfkochtopf explodiert ist. Der Erziehungsberater sagte mir, ich solle Max jetzt nicht noch weiter unter Druck setzen, indem ich ihm Vorwürfe und Schuldgefühle mache. Stattdessen solle ich ihm lieber zeigen, dass ich seine Trauer verstehe, dass ich auf seiner Seite bin, auch wenn er mal aus dem Ruder läuft. Und dass es in Ordnung ist, wenn sein Vater ihm fehlt. Offensichtlich hat Max sich wie ein Verräter gefühlt. Seine älteren Geschwister, vor allem aber Maria, ließen kein gutes Haar an ihrem Vater, während Max ihn nicht verlieren wollte. An diesem Konflikt drohte er zu zerbrechen – und ich habe nichts davon gemerkt.

Wir haben dann die Vereinbarung getroffen, dass jeder seine eigene Regelung mit meinem Exmann trifft und niemandem darüber Rechenschaft geben muss. Wenn Maria ihren Vater für einen Idioten hält, ist das ihre Sache. Genauso muss es Max erlaubt sein, seinen Vater so oft zu sehen oder mit ihm zu telefonieren, wie er möchte. Eine unserer wichtigsten Regeln hieß, dass sich niemand für seine Gefühle schämen muss und die anderen ihm niemals und unter keinen Umständen die Zuneigung zum Vater vorwerfen dürfen. Wir haben dafür extra eine Art Familienrat einberufen und alles sorgfältig aufgeschrieben. Oberste Bedingung: Wenn wir die Regeln gemeinsam aufstellen und verabschieden, muss sich auch jeder daran halten.

Das hat wieder Ruhe in unsere Familie gebracht, Max hat sich gefangen und er hat sich nie wieder sinnlos betrunken.

Mein Verhältnis zu meinem Exmann ist distanziert freundlich, mehr aber auch nicht. Die Enttäuschung über das, was er getan hat, saß einfach von Anfang an zu tief. In meinen Augen hat er sich mir und seinen Kindern gegenüber so gemein benommen, dass ich kein Interesse an einem Kontakt zu ihm habe. Einen Mann mit solchen Charakterfehlern brauche ich nicht in meinem Freundeskreis. Und ich habe auch bis heute keine Entschuldigung für sein Verhalten gefunden. Dass sich jemand verliebt und an Trennung denkt – gut. Das ist für den, der verlassen wird, bitter und schmerzhaft, aber das muss man akzeptieren. Was ich meinem Exmann übelnehme, sind die monatelangen Heimlichkeiten hinter meinem Rücken. Er hatte ja nicht einmal das Rückgrat, mit mir zu sprechen, mir ehrlich zu sagen, dass er eine andere hat und sich trennen möchte.

Wenn ich den Zettel nicht gefunden hätte, wäre seine Affäre gar nicht aufgeflogen. Wie lange hätte er mich noch betrogen? Wochen, Monate, Jahre? Was ist das für ein Mensch, der aus dem Bett seiner Geliebten steigt, sich anzieht, zu seinem Auto geht und nach Hause fährt, wo er so tut, als käme er aus dem Büro? Der mir vorgaukelt, mich zu lieben, obwohl er dieselben Worte eben noch einer anderen Frau ins Ohr geflüstert hat? Es war bitter genug, von seiner Affäre zu erfahren, aber noch schlimmer fand ich die Vorstellung, wie er sich die Lügen ausdenkt, die er mir am Telefon erzählen würde. Wie er mir etwas von Überstunden erzählen würde, während er auf der anderen Straßenseite mit unserer Nachbarin schläft.

Ich wusste lange nicht, wie ich mit meiner Wut und meinem Hass umgehen, vor allem aber, wie ich diese Gefühle vor den Kindern verbergen sollte. Ich bin tagelang nicht aus dem Haus gegangen. Bloß keinem begegnen, der fragen könnte, wie es mir geht. Bloß nicht an diesem Haus vorbeigehen, sich vorstellen, was hinter den Wänden geschehen ist. Nachdem mein Exmann ausgezogen war, habe ich alle seine Sachen gepackt und die Kisten im Keller gestapelt. Irgendwann haben ihm die Kinder den Kram gebracht. Fotoalben, Briefe, alles, was mit uns als Paar zu tun hatte, habe ich aussortiert und zum Teil sogar weggeschmissen. Ich wollte ihn aus meinem Leben ausradieren. Nicht mehr daran denken, was er mir angetan hatte.

Die Kinder haben von Anfang an zu mir gehalten, das hat mir sehr geholfen. Wir vier sind richtig zusammengerückt, haben gemeinsam viel unternommen, es war rührend, wie sie sich um ihre Mutter gekümmert haben. Zumindest war ich selten allein, was aber nichts daran geändert hat, dass ich mich einsam und verlassen gefühlt habe. Trotzdem waren die Kinder eine unglaubliche Kraftquelle für mich, und da ich mir nicht vorstellen konnte, mich jemals wieder zu verlieben, habe ich mich auch sehr auf sie konzentriert. Es ist mir über eine sehr lange Zeit gar nicht in den Sinn gekommen, wieder einen Mann kennenzulernen.

Glücklicherweise hält die Trauer über eine gescheiterte Ehe nicht ewig an, und früher oder später sehnt man sich doch nach einem neuen Partner. Bei mir hat es ein paar Jahre gedauert, bis ich so weit war, mich auf einen neuen Mann einlassen zu können. Insofern habe ich Günter, meinen zweiten Mann, genau zum richtigen Zeitpunkt getroffen. Secondhand-Frau trifft Secondhand-Mann. Eigentlich die ideale Konstellation. Beide haben die Erfahrung einer Trennung hinter sich und wissen, dass Gefühle trügerisch sein können. Im besten Fall haben auch beide aus ihren Fehlern gelernt, im schlimmsten hat sie die Vergangenheit misstrauisch und übervorsichtig gemacht.

Seltsamerweise war ich erleichtert, als Günter mir erzählte, dass damals seine Frau die Scheidung wollte. Ich glaube nicht, dass ich einen Mann lieben könnte, der seine Frau verlassen hat. Irgendwie müsste ich immer an meinen Exmann denken und sein mieses Verhalten mir gegenüber. Ich bin eben ein Mensch, für den Ehrlichkeit und Wahrhaftigkeit sehr wichtig sind. Ich belüge meine Kinder auch nicht und will auch nicht von anderen betrogen werden. Ich war immer der Meinung, dass auch mein Exmann an diese Werte glaubt, und ich verstehe bis heute nicht, wie ich mich so grundlegend täuschen konnte. Deshalb bin ich oft sehr hellhörig und empfindlich, wenn ich das Gefühl habe, jemand verbirgt etwas vor mir. Das wird sich wohl auch nicht mehr ändern, denn wenn das Vertrauen in einen anderen Menschen einmal so erschüttert wurde, bleibt doch immer ein Stachel zurück.

Das kann nur nachvollziehen, wer so etwas selbst erlebt hat. Außerdem ist es ein Unterschied, ob man sich nach relativ kurzer Zeit von einem neuen Partner trennt oder ob eine Welt zerbricht, die man sich mit einem anderen Menschen innerhalb vieler Jahre aufgebaut hat. Günter und ich verstehen uns deshalb so gut, weil wir beide eine Scheidung erlebt und durchlitten haben. Gerade am Anfang unserer Liebe habe ich es Günter sicher nicht immer leicht gemacht. Ich habe mich oft zurückgezogen, bin auf Distanz gegangen, wenn er mir zu nahe kam. Ein anderer Mann hätte das vielleicht nicht akzeptiert, aber Günter wusste, dass ich Zeit brauche, um den Mut zu finden, mich wieder ganz auf einen Menschen einlassen zu können.

Er selbst ist nach seiner Scheidung jeder Frau, die sich für ihn interessiert hat, aus dem Weg gegangen. Aus Angst, sich zu verlieben und in gewisser Weise angreifbar und schutzlos zu werden. Denn Nähe bedeutet ja, dass man die gewohnten Schutzwälle überwindet und sich dem anderen im positiven Sinn ausliefert. Wenn man jung und verliebt ist, fällt einem das leicht, aber nicht, wenn man die 40 überschritten hat. Da verlässt man sein Schneckenhaus nicht mehr so einfach.

In meiner zweiten Ehe ist vieles anders. Zum einen bin ich nicht mehr so naiv zu glauben, dass Gefühle sich nie ändern. Ich mache mich aber auch nicht mehr so abhängig von meinem Mann und bin nicht, wie früher, bereit, zugunsten der Familie auf meine Selbständigkeit zu verzichten. Da die Kinder erwachsen sind, habe ich allerdings ohnehin mehr Freiraum als früher. Ich habe nicht noch einmal den Fehler gemacht, meinen Beruf aufzugeben, obwohl Günter ein erfolgreicher Manager ist und genug Geld verdient, um das Haus und unsere Reisen und Hobbys zu finanzieren. Aber mir geht es nicht so sehr um Geld, sondern um meine Unabhängigkeit, die ich auf keinen Fall verlieren will.«

11. »Ich liebe sein Kind wie meine eigenen.«

Ulrike, 35, ist geschieden. Die beiden Töchter, Laura, 7, und Lene, 5, leben bei ihr. Vor zwei Jahren hat sie Norbert, 38, kennengelernt. Die beiden wohnen seit einem Jahr zusammen, sind aber nicht verheiratet. Norbert ist ebenfalls geschieden und hat aus erster Ehe einen Sohn. Philipp, 9, lebt bei seiner Mutter, besucht den Vater aber regelmäßig.

»Unter der Woche wirken wir nicht wie eine Patchworkfamilie, sondern wir leben einen ganz normalen Alltag wie andere Leute auch. Gut, wir sind nicht verheiratet, aber das ist heutzutage nicht so ungewöhnlich. Ein Außenstehender, der uns sieht, würde nicht auf die Idee kommen, dass Laura und Lene nicht Norberts Töchter sind. Unser Familienleben unterscheidet sich nicht von dem anderer Eltern, die wir aus dem Kindergarten oder aus der Schule kennen.

Am Wochenende kommt Philipp, Norberts Sohn, zu Besuch, und dann sehen wir schon nicht mehr ganz so durchschnittlich aus wie sonst. Manchmal ist auch Norberts Exfrau dabei, und Weihnachten zum Beispiel feiern wir zusammen mit dem Vater von Laura und Lene, meinem Exmann.

Wir leben nicht in einer Großstadt, sondern in einem kleinen Ort, wo uns jeder kennt. Natürlich zerreißt sich der ein oder andere das Maul über unsere Familienverhältnisse, am meisten natürlich darüber, dass Norbert und ich nicht verheiratet sind.

Aber auch die Tatsache, dass wir guten Kontakt zu unseren jeweiligen Expartner haben und pflegen, befremdet hier manchen. Seltsamerweise fragt aber auch niemand nach. Am Ende hat man Angst, dass wir die Chance nutzen könnten, die Situation befriedigend zu erklären. Aber inzwischen glaube ich, dass die meisten es gar nicht so genau wissen wollen. Unser Familienmodell ist ihnen fremd – aber es ist auch interessant und bietet offensichtlich viel Stoff für ausführliche Gespräche.

Als Norbert und ich uns kennenlernten, war ich allein erziehende Mutter, mein Exmann kam aber regelmäßig zu Besuch, um die Mädchen zu sehen. Wir hatten keine komplizierte Scheidung, wir wollten beide die Trennung. Vielleicht habe ich noch eine Weile gehofft, dass wir wieder zusammenkommen würden, aber im Grunde war mir klar, dass es besser für uns ist, wenn wir uns trennen.

Für Laura und Lene war das furchtbar, und wir haben versucht, es den Kindern so leicht wie möglich zu machen. Trotzdem haben sie sehr gelitten. Laura hat jede Nacht ins Bett gemacht, selbst wenn ich ihr nichts mehr zu trinken gegeben und immer darauf geachtet habe, dass sie auch wirklich zum Klo geht. Es half überhaupt nichts.

Ich habe Vorträge besucht über die Scheidungsfolgen für Kinder, und eine Psychologin hat mir geraten, das Einnässen dem Kind gegenüber auf keinen Fall zum Drama zu machen. Am besten wäre es, wenn ich ganz beiläufig darüber wegsehen würde. Bettwäsche tauschen – und gut. Das habe ich getan, aber Laura hat weiter jede Nacht ins Bett gepieselt. Wenn ich das jetzt erzähle, klingt das so lapidar, aber in Wahrheit fordert ein einnässendes Kind ungeheure Kraft. Allein jede Nacht das Bett neu zu beziehen. Der Geruch, die Berge von Wäsche. Ich hatte richtige Panik, dass Lene auch noch damit anfängt und ich nachts die doppelte Arbeit habe.

Und dann muss man sich auch noch dem Kind gegenüber beherrschen, immer abwiegeln und beschwichtigen, ihm versichern, es sei alles nicht so schlimm. Da ich nach der Scheidung wieder in meinen Beruf zurückgegangen bin und halbtags gearbeitet habe, während die Mädchen im Kindergarten beziehungsweise im Hort waren, hatten ich abends oft nicht einmal mehr die Kraft fernzusehen. Ich war komplett erledigt und häufig sehr verzweifelt. Es ist eine große Belastung, wenn man alle Erziehungsprobleme allein lösen muss.

Norbert habe ich auf einer beruflichen Fortbildung getroffen. Als uns klar war, dass wir zusammenziehen wollen, haben wir entschieden von der Großstadt aufs Land zu ziehen, in ein gewachsenes Dorf mit nur 400 Einwohnern. Wir haben ein Bauernhaus gemietet, mitten in den Wiesen, einen Hund gekauft, dann ist uns noch eine Katze zugelaufen. Ich muss jetzt zwar etwas länger zur Arbeit fahren, etwa 40 Minuten, aber für die Kinder und auch für uns hat es sich auf jeden Fall gelohnt.

Die Mädchen können toben, Laura geht auf eine winzig kleine Grundschule und Lene in einen Waldkindergarten. Die Bedingungen sind ideal für Kinder. Auch mir tut das Landleben gut. Ich bin viel gelassener geworden, seit der Großstadtstress nicht mehr an meinen Nerven zerrt.

Doch anfangs hat es meine Töchter sehr irritiert, dass plötzlich wieder ein Mann bei uns lebt. Unsere Probleme verstärkten sich. Jetzt entwickelte nicht nur Laura Verhaltensauffälligkeiten, sondern auch Lene. Sie war ein liebes, ausgeglichenes

Kind gewesen, das nach der Trennung von meinem Mann immer stiller geworden war. Als ich dann mit Norbert zusammen war, zog sie sich ganz zurück. Sie fing wieder an, am Daumen zu lutschen, saß oft mit ihrem Spielzeug auf dem Boden, starrte aber nur ins Leere und spielte gar nicht.

Wir haben uns große Sorgen um die beiden gemacht und hauptsächlich ihretwegen den Hund angeschafft. Norbert ist auf dem Land mit Tieren aufgewachsen und hielt es für eine gute Idee, den Kindern einen Spielkameraden zu schenken, mit dem sie toben und schmusen können, dem sie sich aber auch auf eine Weise anvertrauen können, wie sie es bei Menschen momentan nicht schaffen.

Er hatte recht. Max, unser Labrador, hat viel dazu beigetragen, dass sich die Situation entspannt hat. Für die Mädchen ist er ein richtiger Freund, und auch Philipp, der sich schon immer einen Hund gewünscht hat, liebt ihn.

Norbert hat Laura und Lene nie dazu gedrängt, ihn zu mögen oder gar als Vater zu akzeptieren. Er ist von Anfang an ein Freund für sie gewesen, vielleicht eine Art väterlicher Ratgeber, aber er hat dem leiblichen Vater nie dessen Rolle streitig gemacht. Mein Exmann besucht uns oft. Er hat den Kontakt zu seinen Töchtern nie aufgegeben, und seit einiger Zeit bringt er auch seine neue Lebensgefährtin mit.

An besonderen Feiertagen oder wenn eines der Kinder Geburtstag hat, haben wir hier schon eine richtige Villa Kunterbunt. Da treffen sich dann Norbert, seine Exfrau, Philipp, mein Exmann sowie seine Neue bei uns. Unsere Nachbarn hier im Dorf wissen meist nicht so recht, wie sie uns und unseren Anhang einschätzen sollen, die meisten können auch nicht verstehen, wie man mit seinen Expartnern auf so gutem Fuß stehen kann.

Ehrlich gesagt, das war auch nicht immer so. Mein damaliger Mann und ich haben uns zwar ohne Schlammschlacht getrennt, aber als er merkte, dass ich mich neu verliebt hatte, wurde unser Verhältnis merklich kühler. Er meldete sich seltener, ließ Besuche bei den Kindern platzen, machte am Telefon mir gegenüber spitze Bemerkungen. Norbert hat sich dann eine Weile ganz rausgehalten, immer, wenn mein Exmann zu Besuch kam, war er einfach nicht da. So hat sich die Situation etwas entspannt, und nachdem mein Exmann seine neue Freundin kennengelernt hatte, war er plötzlich wieder der fürsorglichste Vater.

Der Kontakt zu Norberts Exfrau lief besser, vielleicht weil sie Norbert gegenüber ein schlechtes Gewissen hatte. Sie hatte ihn wegen eines anderen Mannes verlassen, was für Norbert damals aus heiterem Himmel kam.

Ich erinnere mich noch gut an unsere allererste Einladung in Sachen Patchworkfamilie. Wir waren gerade frisch aufs Land gezogen, hatten das Haus renoviert, es war Mai, und der Garten blühte besonders herrlich. Plötzlich war die Idee da: Warum machen wir nicht ein großes Fest mit Großeltern, Expartnern, neuen Lebensgefährten und all unseren Kindern? Vielleicht lag es am Rotwein, aber an diesem Abend waren wir von unserem Spontaneinfall absolut begeistert. Ein paar Tage später kamen uns die ersten Zweifel, ob die Idee tatsächlich so gut war. Würden sich alle verstehen? Und die Großeltern – würden sie mit der Situation klarkommen oder kopfschüttelnd in der Ecke sitzen?

Norbert und ich haben dann bei unseren Eltern vorgefühlt. Die fanden die Idee zunächst ziemlich abenteuerlich. Mein Vater musste auch erst überzeugt werden, dass man sich sehr wohl mit seinem Exschwiegersohn an einen Tisch setzen und gemeinsam Kaffee trinken kann.

Dann sind tatsächlich alle gekommen, und es wurde ein wunderschöner Tag. Wegen der Kinder ging es schon um 15 Uhr los, es gab Kuchen und natürlich die Tortenwunderwerke meiner Mutter. Philipp hatte seinen besten Freund mitgebracht und zwei Nachbarskinder kamen auch noch dazu. Wir Erwachsenen waren zu zehnt – eine ziemlich große Runde, die am Anfang etwas steif miteinander umging, dann aber immer lustiger wurde.

Alles in allem war das Fest ein voller Erfolg, seitdem treffen wir uns jedes Jahr einmal. Meist veranstalten wir hier ein großes Gartenfest, zu dem inzwischen auch die Nachbarn kommen. Ich fand es toll, wie sich alle aufeinander eingestellt haben und dass selbst mein Vater in der Lage war, seinen Groll auf meinen Exmann zu begraben.

Patchworkfamilien sind kompliziert, man darf auch keine romantischen Erwartungen haben und glauben, dass es wie in einer Großfamilie zugehen würde, in der jeder gehalten oder aufgefangen wird. Vieles klappt nicht so, wie man sich das wünscht, und man muss selbst bereit sein, sehr viel Arbeit, Zeit und Energie zu investieren. Wenn ich daran denke, wie viel Mühe es gemacht hat, bis Laura, Lene und Philipp wirklich wie Geschwister miteinander umgingen, dann frage ich mich heute noch, woher ich die Kraft dafür genommen habe. Immerhin muss man ja auch Geld verdienen, die Kinder versorgen, den

Haushalt in Schuss halten und irgendwie Zeit für die Partnerschaft finden. Für mich selbst habe ich in dieser Zeit überhaupt nichts mehr getan. Das kann man eine Weile durchhalten, aber irgendwann rächt sich das.

Jetzt hat sich zum Glück alles normalisiert. Dadurch finden Norbert und ich auch mehr Zeit für uns als Paar. Wir haben hier im Dorf Freunde gefunden, auf dem Land gibt es ja auch oft Aktionen wie Feuerwehrfest, Kartoffelfest und so weiter. Wir achten inzwischen mehr darauf, dass unsere Unternehmungen nicht mehr nur Spaß für die Kinder sind, sondern dass wir auch etwas davon haben.

Auch wenn eine Patchworkfamilie anstrengend ist, ich würde es immer wieder versuchen, alle an einen Tisch zu bekommen. Es ist schön zu sehen, wie die Kinder zusammengefunden haben und wie auch zwischen den Erwachsenen die Spannungen abgebaut wurden.

Heute kann ich sagen, dass ich Norberts Kind genauso lieb habe wie meine beiden Mädchen, obwohl ich mich nicht als Philipps Mutter fühle. Neulich hat er in der Schule gesagt, er habe zwei Mamas. Seine richtige Mutter, bei der er auch lebt, und Mama Ulrike. Norberts Exfrau hat mir am Telefon davon erzählt. Das sind die Momente, in denen ich weiß, dass sich die Mühe gelohnt hat.«

12. »Seine Exfrau macht alles kaputt.«

Pia, 41, lebt mit Roland, 46, zusammen. Roland ist geschieden, hat zwei Kinder aus erster Ehe. Johannes, 14, und Leo, 11. Pia und Roland wollen eigentlich heiraten, doch in letzter Zeit häufen sich die Probleme. Rolands Exfrau versucht, nach Meinung von Pia, die Beziehung zwischen ihr und den Kindern zu sabotieren.

»Ich bin an einem Punkt, an dem ich mir überlege, ob das alles überhaupt noch einen Sinn hat. Soll ich Roland wirklich heiraten? Oder geht unsere Liebe durch die ganzen Schwierigkeiten nicht sowieso früher oder später den Bach runter? Marianne, Rolands Exfrau, mischt sich einfach viel zu sehr in unser Leben ein, und ich habe keine Ahnung, was ich dagegen tun kann. Denn sie macht das sehr subtil.

Vor Roland spielt sie immer die Verständnisvolle, die liebevolle Mutter, die natürlich allen um sich herum nur das Beste wünscht. Und Roland fällt darauf auch regelmäßig rein. Ich bin dann diejenige, die nur nörgelt. Die kein gutes Haar an Marianne lassen kann und immer nur das Allerschlechteste sehen will. Ich bin die, bei der das Glas immer nur halbleer ist, die Pessimistin, die überall nur dunkle Wolken sieht.

Marianne hat es geschafft, dass das Verhältnis zwischen Roland und mir immer angespannter wird. Dauernd gibt es Streit, Er will einfach nicht sehen, dass Marianne systematisch die Beziehung zwischen den beiden Jungen und mir kaputtmacht.

Ein Beispiel: Die Kinder besuchen ihren Vater, es ist eigentlich alles in Ordnung und harmonisch, zum Abendessen gibt es selbstgemachte Pizza. Um 20 Uhr bringt Roland die Jungen nach Hause, und eine Stunde später ruft Marianne an. Den beiden Kindern sei schlecht, außerdem hätten sie zu viel herumgetobt, sie seien ja ganz außer Atem. Wie sollten sie sich denn morgen in der Schule konzentrieren? Was ich denn für eine Pizza gemacht habe, die würde den beiden schwer im Magen liegen, und wenn die Jungen jedes Mal mit Beschwerden von uns zurückkämen, würde sie Jo und Leo in Zukunft nicht mehr bringen.

Das haut sie Roland mal eben so um die Ohren, natürlich alles in nettem, besorgtem Ton, sie will ja keinen Streit, sondern uns nur darauf hinweisen, dass die Jungen eben einen empfindlichen Magen haben, sich nicht so verausgaben sollen und so weiter.

In meinen Augen ist das völliger Quatsch, und sie erzählt es ihrem Exmann Roland auch nur, um ihm ein schlechtes Gewissen zu machen. Nach dem Motto: Siehst du, du weißt ja nichts über deine Söhne, deshalb lässt du es zu, dass sie sich mit Pizza vollstopfen und dann zu Hause über Magenschmerzen klagen. Und wenn ihnen dann schlecht wird, habe ich, die fürsorgliche Marianne, die ganze Nacht zu tun, um die beiden wieder auf die Beine zu bringen.

Und wer ist schuld an der Misere? Ich natürlich, mit meiner schwerverdaulichen Pizza.

So oder ähnlich geht es immer. Marianne findet jedes Mal einen Weg, Keile zu treiben oder Unfrieden zu stiften. Letzten Sommer wollten wir mit den Kindern zwei Wochen auf die

Kanaren fliegen. Alles war abgemacht und besprochen, ich habe die Flüge für Roland, Jo, Leo und mich gebucht, habe ein tolles Hotel gesucht, das nicht so groß und überlaufen, sondern richtig familiär ist. Ich habe sogar via Internet noch einen Segelkursus für die beiden Jungs gefunden. Alles war bestens vorbereitet, als uns Marianne eine Woche vor Abflug anruft und erzählt, dass Leo keinen Kinderausweis habe.

Ich bin mir sicher, dass sie das vorher auch schon wusste, aber extra nichts sagte. Natürlich war sie in Tränen aufgelöst, weil uns ja somit wahrscheinlich der ganze Urlaub platzt, blabla.

Ich habe vor Wut gekocht und vor Enttäuschung geheult. Immer wieder bringt sie es fertig, alles durcheinanderzuwirbeln. Und was macht Roland? Er findet auch noch eine Entschuldigung für ihr Verhalten und sagt mir, dass ich mich nicht so aufregen solle. Fehlt nur noch, dass er mir die Schuld in die Schuhe schiebt, weil ich ja vorher fragen hätte können, ob seine Söhne Kinderausweise haben.

Wir haben uns fürchterlich gestritten, ich war kurz davor alles abzusagen. Zum Glück arbeitet eine Freundin von mir in einem Reisebüro, die mir sagte, dass Leo wahrscheinlich gar keinen Kinderausweis braucht, da die Kanaren zu Spanien und somit zur EU gehören. Außerdem könnten wir einen vorläufigen Ausweis beantragen.

So haben wir es dann auch gemacht, aber durch Mariannes Verhalten hatten wir schon vor dem Urlaub heillosen Stress. Und weder Roland noch ich hatten Lust, überhaupt noch zu verreisen. Dabei waren wir alle so froh gewesen, dass es endlich mal mit einem gemeinsamen Sommerurlaub klappen sollte. Roland und ich waren noch nie mit den Kindern 14 Tage lang unterwegs, und besonders Roland war über diese Ferienpläne überglücklich.

Marianne ist unberechenbar. Nie und nimmer glaube ich ihr, dass sie nichts von dem fehlenden Kinderausweis gewusst hat und es ihr exakt eine Woche vor Abflug eingefallen ist. Das hat sie eiskalt geplant.

Aber Roland sieht das natürlich ganz anders. Sei doch froh, dass sie es noch bemerkt hat, war sein Kommentar. Uns wäre es vielleicht erst am Flughafen aufgefallen und dann wäre es wirklich zu spät gewesen. So läuft es immer: Roland windet sich wie ein Aal, um bloß nicht zugeben zu müssen, dass seine Exfrau eine falsche Schlange ist.

Ich weiß inzwischen gar nicht mehr, wie ich mich verhalten soll. Marianne manipuliert die Kinder und Roland noch dazu. Und ich bin diejenige, die immer nur Böses vermutet. Marianne meint es doch nur gut, höre ich dann von meinem Lebensgefährten. Oder: Sie ist eben etwas schusselig, das weißt du doch. In Zukunft checken wir besser vorher alles ganz genau. Na toll. An jede Eventualität denken, damit Marianne uns nicht wieder einen Strick dreht.

Auf so eine Zukunft habe ich eigentlich keine Lust. Und ich sehe nicht, dass diese Frau sich ändern wird. Vielleicht wenn sie einen neuen Partner findet. Aber das steht in den Sternen.

Roland will natürlich nicht auf seine Kinder verzichten. Das weiß sie, und das nutzt sie geschickt aus. Das Spielchen wird also noch jahrelang so weitergehen, und ich stehe wie eine Idiotin dazwischen.

Wenn es um seine Exfrau geht, sind Roland und ich grundsätzlich kontroverser Meinung. Ich finde, er nimmt sie grundlos in Schutz, er dagegen will meine Argumente nicht hören. Ich könne sie einfach nicht leiden, sagt er, und würde deshalb bei jeder Gelegenheit sauer reagieren. Warum ich nicht alles ein bisschen gelassener sehen könnte? Ich sei doch in der besseren Position.

Roland und ich hatten schon über Heirat und eine gemeinsame Zukunft gesprochen, doch in letzter Zeit haben wir das Thema gar nicht mehr berührt. Er hat es nicht mehr angesprochen, und ich bin ihm auch ausgewichen. Wenn sich nichts ändert und er nicht klar gegenüber seiner Exfrau Stellung bezieht, glaube ich nicht mehr daran, dass Roland und ich zusammen glücklich werden. Ich will nicht eine von diesen verbitterten Frauen werden, die sich von der ganzen Welt verraten fühlen. Und ich will nicht ein Spielball von Mariannes Launen sein. Aber sie wird keine Ruhe geben – da bin ich sicher. Wenn Roland sich also nicht entscheiden kann, werde ich es sein, die die Zukunft selbst in die Hand nimmt.«

VI. »… und sie lebten glücklich …« Wie die Liebe zu einem gebrauchten Prinzen gelingt

Intuition ist ein guter Wegweiser

Im Märchen finden die Prinzen und Prinzessinnen den Weg zur Zauberblume und damit zum Schlüssel für die glückliche Zukunft immer wie von selbst, und auch die Prüfungen, die ihnen auferlegt werden, schaffen sie locker mit Hilfe von Feen, Zwergen oder wunderbaren Zaubersprüchen. Sie streifen scheinbar ziellos durch die Landschaft und stehen eines Tages vor der Lösung des Problems. Aus Nachtigallen werden – wie bei *Jorinde und Joringel* – wieder Jungfrauen, aus Fröschen Prinzen und aus Mädchen, die ihr Leben lang benachteiligt waren, endlich strahlende Prinzessinnen.

Man muss sich nicht in märchenhaften Geschichten verlieren, um den Wert der inneren Stimme zu erkennen. Wen man liebt, kann man nicht mit dem Kopf steuern. Die Anziehungskraft zwischen Mann und Frau hat nichts mit Rationalität zu tun. Unwillkürlich zieht einen ein ganz bestimmter Mann an, man findet nur *ihn* besonders sympathisch, hat Lust, mit *diesem einen* zu flirten. Das läuft ganz bestimmt nicht nach den Gesetzen der Logik.

Im Gegenteil. Auf die pfeift man für gewöhnlich am Anfang einer Liebe. Man will genießen, Lust und Leidenschaft erleben und nicht darüber nachdenken, ob die Liebe eine Zukunft hat.

Irgendwann tut man es dann aber doch.

Ist dieser Mann der richtige? Kann ich mir ein Leben mit ihm vorstellen? Und: Können wir alle Probleme in den Griff bekommen? Zweifel schleichen sich ein, man wird trotz aller Verliebtheit unsicher, ob man den Anforderungen, die die Liebe zu einem gebrauchten Mann mit sich bringt, auch wirklich gewachsen ist. Kann das wirklich gutgehen? Sind unsere Gefühle füreinander so stark, dass sie nicht im ersten Sturm davonfliegen?

Gerade wenn die Liebe von Anfang an nicht so unbeschwert ist, wie man sich das eigentlich wünscht, sind diese Fragen und Zweifel berechtigt und notwendig. Es macht keinen Sinn, sich in eine Beziehung zu stürzen und seine Kraft dabei maßlos zu überschätzen. Enttäuschungen wären unausweichlich und früher oder später vermutlich auch die Trennung. Dass man sich überhaupt diese Fragen stellt, zeigt ja bereits, wie unsicher man sich fühlt und wie sehr man nach einer Möglichkeit sucht, Gewissheit zu erlangen.

Was also tun, wenn das Herz diesen Mann begehrt, der Verstand aber zur Vorsicht rät?

Natürlich kann man die beste Freundin um Rat fragen oder nachts regelmäßig wach liegen und grübeln. Besser ist eine Checkliste, die einem dabei hilft, Kopf und Bauch in Balance zu bringen und dadurch eine gute Einschätzung der eigenen Wünsche und Erwartungen zu bekommen.

Folgende Sätze sollte man eher mit »Ja« als mit einem »Nein« beantworten können:

- In seiner Gegenwart fühle ich mich geborgen.
- Im Bett stimmt bei uns alles.
- Wir können über alles sprechen.
- Wenn wir zusammen sind, lachen wir viel miteinander.
- Ich fühle mich so wohl wie sonst nie.
- Zwischen uns gibt es keine Tabus.
- Er ist ein unglaublich zärtlicher Mann.
- Ohne ihn wäre mein Leben leerer.
- Mit ihm bin ich wie gelöst.
- Ich habe das Gefühl, dass er ehrlich zu mir ist.
- Wir haben ähnliche Vorstellungen vom Leben.
- Ich bin glücklich mit ihm.
- Wenn ich ihn ansehe, spüre ich ein Prickeln im Bauch.
- Ich wünsche mir, Tag und Nacht mit ihm zu verbringen.
- Ich kann mir vorstellen, mit ihm alt zu werden.
- Wenn es mal Streit gibt, finden wir schnell wieder zusammen und können die Meinungsverschiedenheiten begraben.
- Er fehlt mir, wenn er nicht da ist.
- Ich bekomme vor Aufregung feuchte Hände, wenn er sich meldet.

Doch selbst wenn es in Sachen Verliebtheit und Erotik stimmt, muss der Bauch nicht immer Jubilate schreien. Über folgende Punkte sollte man nachdenken und in der Beantwortung schonungslos ehrlich zu sich selbst sein:

- Er hat oft keine Zeit für mich, und ich weiß dann nicht, was ich mit mir anfangen soll.
- Wenn seine Kinder da sind, fühle ich mich ausgeschlossen.

- Es gibt mir einen Stich, wenn er sich mit seiner Exfrau trifft.
- Manchmal weiß ich nicht, ob er wirklich keine Gefühle mehr für seine Exfrau hat.
- Er ist ein toller Vater, aber ich bin mir nicht sicher, ob er sich noch mehr Kinder wünscht.
- Der Gedanke, mit seinen Kindern in Urlaub zu fahren, macht mir Angst.
- Als Stiefmutter fühle ich mich überfordert.
- Früher konnte ich gut alleine sein – jetzt nicht mehr.
- Ich habe das Gefühl, dass er seiner Exfrau zu sehr entgegenkommt.
- Auf die Kinder nimmt er immer Rücksicht, auf mich nicht.
- Wenn er bei seiner Familie ist, fällt es mir schwer, abzuschalten.
- Ich schäme mich, dass ich auf seine Kinder eifersüchtig bin.
- Ich habe seine Kinder kennengelernt, und ich fand sie nicht besonders sympathisch.
- Über das Thema Vergangenheit redet er nicht gern.
- Meist enden die Diskussionen über seine Exfrau im Streit.
- Ich fürchte, er hat sich noch nicht abgenabelt.
- Er ist seinen Kindern gegenüber völlig kritiklos.

Wer hier mehr als dreimal mit »Ja« geantwortet hat, sollte auf jeden Fall mit dem Partner über seine Ängste sprechen. Denn eine Beziehung zu einem gebrauchten Prinzen erfordert vor allem eins: Offenheit. Und das gilt auch für die Fakten. Sie müssen auf den Tisch. Dafür sollte man – möglichst wertfrei – auflisten, was man von ihm weiß. Zum Beispiel:

- Er ist geschieden/getrennt/noch verheiratet, und zwar seit XY Jahren.
- Er hat Kinder.
- Er ist unterhaltspflichtig.
- Er hat wegen der Unterhaltszahlungen wenig Geld.
- Die Kinder kommen jedes Wochenende.
- Er sieht seine Kinder nur selten.
- Die Kinder haben den Kontakt abgebrochen.
- Er hat mich noch nicht vorgestellt.
- Wir haben keine gemeinsamen Freunde.
- Seine Exfrau arbeitet nicht.
- Er ist verlassen worden.
- Er hat seine Ehefrau wegen einer anderen verlassen.
- Er korrespondiert mit seiner Exfrau nur über den Anwalt.
- Mir gegenüber ist er beim Thema Vergangenheit sehr schweigsam.
- Wenn es um unsere Partnerschaft geht, ist er immer zuverlässig.
- Seine Exfrau fordert ständig Geld von ihm.
- Er sagt offen, dass er kein gutes Verhältnis zu seiner Exfrau hat.
- Er spricht am liebsten gar nicht über die Vergangenheit.

Diese Checklisten helfen, Gedanken zu sortieren und die Augen zu öffnen. Der Unterschied zum nächtlichen Grübeln liegt vor allem darin, dass die Liste einen zwingt, zwischen Bauchgefühl, Sachargumenten und Fakten zu unterscheiden. Außerdem macht es einen großen Unterschied, ob man grübelt oder ob man gezwungen ist, klar zu formulieren und aufzuschreiben.

Meist wird einem dann schon klar, wo der Knackpunkt der Beziehung liegt. Was man tolerieren kann und was nicht. Wo sich die eigenen Schwächen verbergen und welche Reaktionen man vom anderen erwartet.

Diese Fakten geben eine wichtige Auskunft über die Rahmenbedingungen. Sie lassen sich nicht wegdiskutieren, und es wäre fataler Leichtsinn, sie zu verdrängen. Die Intuition kommt erst dann ins Spiel, wenn es um die Konsequenzen geht: Soll man es wagen, mit diesem Mann eine Beziehung einzugehen oder nicht?

Denn ob man mit diesen Bedingungen leben und trotzdem glücklich werden kann, das kann einem nur die innere Stimme sagen.

Die Vergangenheit ist tot, es lebe die Vergangenheit!

Selbst wenn alle Bindungen an früher gekappt würden, wäre der gebrauchte Prinz nicht vollkommen frei und ungebunden. Die Vergangenheit ist und bleibt ein Teil seiner eigenen Geschichte und Persönlichkeit, sie hat ihn dahin geführt, wo er jetzt steht. Es ist nicht nur unmöglich, die Vergangenheit auszulöschen, es wäre auch – psychologisch gesehen – völlig falsch.

Die Familie eines geschiedenen Mannes hat sich verändert, man könnte auch sagen, sie ist auseinandergebrochen, aber weggezaubert hat sie niemand. Selbst die Exfrau bleibt ein entscheidender Teil in diesem Beziehungsgeflecht. Da hilft es auch nichts, sich zu ärgern. Wer einen geschiedenen, getrenntlebenden oder auch verwitweten Mann liebt, muss sich mit diesen Tatsachen auseinandersetzen.

Wenn sich aber die Vergangenheit nicht wie ein lästiges Staubkorn wegwischen lässt, bleibt nichts anderes übrig, als sie zu akzeptieren und sich mit ihr zu arrangieren. Das fällt nicht immer leicht, und manchem scheint es vielleicht ganz und gar unmöglich. Drei Grundregeln helfen dabei:

Erstens: Wenn eine Ehe scheitert, sind immer zwei daran beteiligt. Beide ehemaligen Partner haben ihren Anteil an der Trennung. Das gilt selbst dann, wenn nur einer die Scheidung wollte und der andere davon überrascht wurde. Deshalb: Bitte nicht nur einen zum Sündenbock machen und den anderen heiligsprechen.

Zweitens: Kinder sind weder Spione noch Diplomaten im Ehekrieg. Sie brauchen die Chance, beide Elternteile lieben und sehen zu dürfen. Da Kinder leicht beeinflussbar sind, ist es umso verwerflicher, den Vater oder die Mutter vor ihren Ohren schlechtzumachen.

Drittens: Die getrenntlebenden Partner sind zwar kein Paar mehr, aber nach wie vor Eltern. Sie müssen in der Lage sein, als solche auch miteinander zu reden und zu verhandeln. Und auch die neue Partnerin sollte den Unterschied zwischen Paar- und Elternebene erkennen – und akzeptieren.

Nur wer sich selbst liebt, kann auch andere lieben

Jede Liebesbeziehung ruft nach Kompromissen und die mit einem gebrauchten Prinzen tut das besonders lautstark. Als neue Partnerin betritt man unfreiwillig ein komplexes Beziehungsgefüge, in dem man eine Rolle übernimmt und sich seinen Platz erst suchen muss. Man ist nicht nur gefordert, sich auf den neuen Mann im Leben, sondern auch auf die Menschen, die mit ihm verbunden sind, einzustellen. Die Gefahr dabei ist, sich selbst zu verlieren, vor lauter Zugeständnissen an seine Vergangenheit und die schwierige Gegenwart die eigenen Interessen und sogar die eigene Persönlichkeit aufzugeben.

Zweitfrauen berichten immer wieder, dass sie das Gefühl haben, sich allen anpassen zu müssen, für alle da sein zu müssen, nur nicht für sich selbst. Sie geben mehr als sie bekommen, verfolgen die eigenen Wünsche und Ziele nicht weiter, weil sie glauben, es den anderen, vor allem dem Partner, schuldig zu sein. Sie reiben sich für seine Familie auf, versuchen, ein gutes Verhältnis zu seinen Kindern zu bekommen, ertragen die Exfrau und nehmen sich selbst in einer Art vorauseilendem Gehorsam von Anfang an zurück.

Doch so sehr sie auch schuften und sich an den Altlasten ihres Mannes abarbeiten, die Situation wird selten besser, nur weil sie wie ein Hamster im Laufrad rotieren. Irgendwann ist die Kraft verbraucht, der Akku leer, sie haben unter Umständen nichts erreicht, weil die anderen nicht mitziehen, aber sich selbst an den Rand eines Nervenzusammenbruchs gebracht.

Spätestens jetzt spüren sie, dass sie viel zu viel von sich aufgegeben haben – und sie sind wütend und enttäuscht. Auf sich selbst, weil sie die Gefahrenzeichen nicht erkannt oder ignoriert haben. Aber mehr noch auf die anderen, die die ganze Zeit zugeschaut haben, wie sie sich kaputtmachen. Plötzlich empfinden sie die Liebe wie eine Fessel, möchten raus aus dieser Tretmühle, haben die Exfrau und die Kinder satt und die Auseinandersetzungen mit der Vergangenheit sowieso.

Dem Partner werfen sie – nicht ganz zu Unrecht – fehlendes Verständnis vor. Der aber weiß gar nicht, worum es geht, und schneller als man denkt, ist die große Krise da: Die Beziehung steht kurz vor dem Ende.

Damit es nicht so weit kommt, brauchen Zweitfrauen eine ordentliche Portion gesunden Egoismus. Es ist nicht ihre Aufgabe, die zerbrochene Familie zusammenzuhalten. Sie sind nicht dafür zuständig, dass jeder Einzelne im Beziehungsgefüge auf seine Kosten kommt. Für sie gilt wie ein Mantra, was Fritz Perls, Begründer der Gestalttherapie, als Erster formuliert hat: Ich tu, was ich tu; und du tust, was du tust. Ich bin nicht auf dieser Welt, um nach deinen Erwartungen zu leben, und du bist nicht auf dieser Welt, um nach den meinen zu leben. Du bist du, und ich bin ich, und wenn wir uns zufällig finden – wunderbar. Wenn nicht, kann man auch nichts machen.

Gerade eine Zweitfrau sollte sich diesen Satz aufschreiben und unter das Kopfkissen legen oder an den Schminkspiegel heften. »Ich bin nicht auf dieser Welt, um nach deinen Erwartungen zu leben.« Das ist der entscheidende Satz, wenn mal wieder alles über den Kopf wächst.

Fritz Perls geht es um die psychologische Erkenntnis, dass Selbstaufgabe die Liebe zerstört. Erstaunlich ist, dass das heute eigentlich jeder weiß; trotzdem halten sich die meisten nicht daran. Für die neue Liebe gibt man seine Freunde auf, lässt die eigenen Hobbys schleifen, findet keine Zeit mehr, um mit den Kollegen einen Wein zu trinken.

Eigenständigkeit ist aber eine von vielen Voraussetzungen für die Liebe. Wer sie verliert oder sogar freiwillig aufgibt, baut sich selbst Hindernisse auf dem Weg zum Glück. Es nutzt niemanden, wenn man sich wie ein Ackergaul an einer Situation abarbeitet, die man im Prinzip nicht ändern kann. Im Gegenteil, das schadet der Liebe eher.

Allen, die sich nicht sicher sind, ob sie nicht schon zu viel von sich aufgegeben haben, könnte diese Checkliste helfen:

- Wenn ich in den Spiegel blicke, sehe ich eine attraktive Frau.
- Ich habe schon viele Fehler gemacht, aber bisher immer daraus gelernt.
- Ich mag meinen Beruf und will weiterkommen.
- Ich tue etwas für meine Figur.
- Ich habe ein Zimmer oder doch zumindest eine Ecke für mich allein, in das/die ich mich zurückziehen kann, wann immer ich möchte.
- Ich habe bisher in meinem Leben meine Probleme selbst gelöst.
- Ich freue mich, wenn mein Partner mir Komplimente macht.

- Einen Abend in der Woche reserviere ich für mich.
- Wenn ich mir etwas vornehme, schaffe ich das auch.
- Ich habe ein Hobby, das mir großen Spaß macht und das ich auch ohne meinen Partner weiterführe.
- Ich finde es wichtig, sich gesund zu ernähren, und ich achte auch darauf.
- Ich kann nachts gut schlafen.
- Ich lese gern, und ich nehme mir regelmäßig Zeit für ein Buch.
- Ich bin auch mal ganz gern mit mir allein.
- Ich habe keine Angst vorm Älterwerden und wünsche mir die Zeit meiner Jugend nicht zurück.
- Ich mag mich, so wie ich bin.

Wer hier überwiegend mit »Ja« antworten kann, ist auf dem richtigen Weg. Alle anderen sollten schleunigst die Notbremse ziehen und sich mal wieder nach allen Regeln der Kunst selbst verwöhnen.

Jeder hat das Recht auf Fehler

Das Motto vieler gebrauchter Prinzen lautet: Das passiert mir nicht noch einmal. Will heißen: Nie wieder werde ich so dumm sein und mir eine Frau suchen, die mich sitzenlässt. Oder: die zu Hause bleibt und nichts aus sich macht. Oder: die mich knallhart abzockt. Was auch immer sich ein Mann mit Vergangenheit vornimmt, es läuft darauf hinaus, diese seine Vergangenheit nicht zu wiederholen.

Doch diese Fehlervermeidungsstrategie hat ein paar große Nachteile: Sie engt ein, macht ängstlich und führt dadurch die Fehler geradezu herbei.

Denn niemand ist frei von Fehlern, und das gilt auch in der Liebe. Wenn zwei Menschen sich begegnen und sich ineinander verlieben, wissen sie zunächst nichts oder nur wenig über den anderen; sie müssen sich an die Gefühle, Gewohnheiten, Überzeugungen und Eigenarten des anderen herantasten.

Dabei geben sie viel von sich selbst preis, und es gehört zu den Grundbedingungen der Liebe, dass man sich auch schutzlos fallenlassen darf, und das nicht nur im Bett. Auch im Gespräch sollte man alle Ängste, Gedanken, Wünsche und Träume offenbaren können. Dass man dabei den anderen auch mal missversteht, seine Wunden von früher nicht gleich erkennt, lässt sich nicht vermeiden. Wenn die Basis stimmt, ist das aber auch kein Drama.

Schlimm wird es erst, wenn die Furcht vor Fehlern die Partnerschaft bestimmt. Wenn einer auf die Bremse tritt, weil er Angst hat, erneut verletzt zu werden, oder wenn einer sich scheut, Gefühle zuzulassen, weil ihm das Risiko zu groß ist.

Manche Männer, die eine schmerzhafte Trennung hinter sich haben, neigen dazu, in der nächsten Partnerschaft auf Nummer sicher gehen zu wollen. Lieber nicht vom großen Glück träumen, es könnte ja ein böses Erwachen geben. Bloß nicht der Liebe eine Chance geben, man könnte sonst plötzlich wieder mit leeren Händen dastehen. Nicht zu viele Gefühle investieren, sonst könnte man hinterher ein Minus auf dem emotionalen Konto haben.

Ich habe damals einen Fehler gemacht, sagt sich der gebrauchte Prinz, aber heute bin ich klüger. Ist er das? Kaum, denn er vergibt die Chance auf Nähe, Innigkeit, Glück und Freude.

Doch nicht nur er selbst, auch seine Partnerin hat das Recht, Fehler zu machen. Schließlich ist sie es, die mit einer ganz neuen Situation konfrontiert wird und damit häufig überfordert ist. Denn ihr fehlen die Erfahrungswerte, die Vorbilder und meist auch Menschen, die ihr jetzt wohlwollend zur Seite stehen. Wer von ihren Single-Freundinnen kennt sich mit Kindern aus, die unter Scheidungsschock stehen? Wer gibt ihr Tipps, wenn die Exfrau Ärger macht? Und wer tröstet sie, wenn sie sich aus seiner Familie ausgeschlossen fühlt? In der Regel niemand.

Fehler sind ein Teil des Lebens, und jeder von uns muss Fehler machen, um sich weiterzuentwickeln. Wobei man allerdings nicht immer den- oder dieselben wiederholen sollte. Wer auf Fehler unnachsichtig reagiert, macht es den anderen schwer, offen und unbefangen auf ihn zuzugehen. Durch Vorhaltungen und Schuldzuweisungen, aber auch Rückzug und Flucht in die innere Emigration, wird eine Liebe erstarren. Fehler können durchaus eine positive Kraft entwickeln und ein Paar entscheidend weiterbringen. Die Kunst besteht nur darin, sich selbst und den anderen Fehler zu gestatten.

Raus aus der Routine

Zusammenleben kann auch Stress bedeuten, und das Leben mit einem gebrauchten Prinzen gehört sicherlich dazu. Wenig Zeit füreinander, finanzieller Druck, emotionale Belastungen, Ärger mit den Kindern: Wo bleibt da die Liebe? Psychologen, die sich mit den Auswirkungen von Stress auf Paarbeziehungen beschäftigt haben, sind zu dem Ergebnis gekommen, dass viel Druck das Glück vertreiben kann. Wer tausend Sachen im Kopf hat, kann darüber zum Beispiel den Spaß am Sex vergessen oder verlieren. Man denkt an die Exfrau, die Kinder, die Schwiegereltern, den Chef – nur nicht daran, wie man es sich abends mit seiner großen Liebe nett machen kann.

Der Alltag zwischen Job, Freizeit, Haushalt, Kindern ist ohnehin schon hektisch genug, kommen noch Befindlichkeiten früherer Partner plus Ärger mit Anwälten dazu, werden alle unsere Kräfte aufgefressen. Wir müssen funktionieren, selbst wenn wir uns schwach und angeschlagen fühlen. Der reibungslose Ablauf des durchorganisierten Lebens darf auf keinen Fall ins Stocken geraten. Und irgendwo quetschen wir in diesen übervollen Terminkalender noch Liebe, Sex, Erotik und Zärtlichkeit hinein. Kein Wunder, dass da die Lust auf der Strecke bleibt.

Zu viele Pflichten, zu viele Aufgaben und die Bereitschaft, sich immer auch mit den Problemen der anderen auseinanderzusetzen, bringt Langeweile und Monotonie in die Beziehung. Es gibt keine Highlights mehr, keine besonderen Glücksmomente, man gönnt sich nichts Schönes, sondern sinkt müde auf das Sofa. Die Überforderung ist in Lethargie umgeschlagen, die tägliche Rallye durch die Klippen des Lebens fordert ihren Tribut.

Nun muss es nicht so weit kommen, dass einem die Liebe dabei komplett verlorengeht. Doch sollte man unbedingt rechtzeitig die Reißleine ziehen und ganz schnell Termine streichen, Aufgaben kürzen, den Wunsch nach Perfektion zurückstellen und auch zu Hause mal fünf gerade sein lassen. Vor allem aber gilt: Mehr Zeit für alles, was das Leben schön macht. Das kann ein Abend im Kino sein, ein Spaziergang, eine Radtour, ein Wochenende in Venedig oder einfach nur ein Essen beim Italiener. Wichtig ist, dass wieder Spannung in die Partnerschaft kommt. Und: Auf diesen Wohlfühl-Inseln haben andere nichts verloren. Das gilt insbesondere für Exfrauen und Schwiegereltern, aber auch für Kinder. Diese Beziehungsoasen gehören nur dem Paar allein. So bringen Sie neuen Schwung in die Liebe und Erotik.

In der Beziehung mit einem gebrauchten Prinzen braucht man Mut, vor allem wenn man neue Wege gehen will. Mut fällt nur dort auf fruchtbaren Boden, wenn sich beide Partner unterstützen und gegensteuern, sobald einer unter Druck gerät. Das klassische Modell der Ehe wird in Zukunft immer weniger gefragt sein. Gebrauchte Prinzen und ihre Partnerinnen müssen also neue Wege gehen. Männer, die zur Arbeit gehen und Frauen, die sich um die Familie kümmern, klare Machtaufteilung, zwei Welten, die sich nur in kleinen Schnittmengen berühren – alles das wird mehr und mehr der Vergangenheit angehören.

Es braucht Mut, sich von alten Vorstellungen zu lösen und

Neues einfach auszuprobieren. Vielleicht klappt das Modell nicht auf Anhieb, aber auf längere Sicht gesehen haben die, die offen sind für Veränderungen, die besseren Chancen.

Dem Stress in der Beziehung begegnet man am besten, indem man sich zum Beispiel Entlastung verschafft. Zu viele Termine, zu wenig Zeit? Entweder unterstützen die Partner sich gegenseitig oder man bittet einen Babysitter, einen Freund, eine Verwandte um Hilfe.

Gerade in Beziehungen, die viel Druck von außen aushalten müssen, ist es unerlässlich, dass viel miteinander geredet wird. Am besten sollten man täglich, mindestens aber einmal in der Woche Erfahrungen austauschen, Erlebnisse erzählen. Das klingt so einfach, doch oft findet man keine Gelegenheit dazu, und schon herrscht das große Schweigen. Für diese Gespräche gilt die Regel, dass jeder von seinen Problemen und Gefühlen erzählen darf. Hier sollte alles auf den Tisch kommen, was genervt, was glücklich gemacht, was geärgert hat. Vorwürfe und Schuldzuweisungen sollten tabu sein.

Psychologen kennen einen Trick, wie sich Streit ganz leicht entschärfen lässt: Sobald der Stress überhandnimmt und man am liebsten laut schreien möchte, sollte man zum Beispiel auf einem Bein springen, ein paar Mal ums Auto laufen oder auf der Stelle auf und ab hüpfen. Das sieht wahrscheinlich ziemlich albern aus, aber es hat einen ganz bestimmten Effekt: Man muss lachen. Und schon ist die Situation entschärft.

Und noch eine Übung aus der Praxis der Psychologen: Worte, die man sich im Streit an den Kopf geworfen hat, kann man bekanntlich nicht zurücknehmen. Sie schweben im Raum und haben die unheilvolle Eigenschaft, an Bedeutung mehr und mehr zuzulegen. Deshalb: Nehmen Sie einen Papierkorb und werfen Sie den Streit symbolisch dort hinein. Das klärt die Fronten und hilft beim Neustart.

Nur mit Gelassenheit löst man Konflikte

Eine Liebe ohne Krisen gibt es nicht. Meinungsverschiedenheiten und Auseinandersetzungen gehören zu einer Beziehung wie die Kräuter zur Grünen Soße; wer etwas anderes behauptet, führt mit Sicherheit keine gleichberechtigte, ehrliche Partnerschaft. Die entscheidende Frage ist, wie man mit Konflikten umgeht. Und das hat nichts damit zu tun, ob einer der Partner geschieden ist oder nicht. Es gelten folgende Regeln:

- ***Sachlich bleiben.*** Gerade, wenn viele verschiedene Befindlichkeiten eine Rolle spielen, driftet die Diskussion leicht in Vorwürfe und Zankereien ab. Meist wirft man sich dann nur Sätze an den Kopf wie etwa: »Überhaupt hast du …«; »Immer willst du …«; »Nie kannst du …«. Sätze, die so anfangen, sind bestens geeignet, eine Menge Unfrieden zu stiften und eine Beziehung arg ins Wanken zu bringen. Besser: Alle Grundsatzprobleme außen vor lassen und an den Partner appellieren, Bedürfnisse und Wünsche ernst zu nehmen.
- ***Die Vergangenheit wird nicht berührt.*** Ein klassischer Beziehungsstreit kann zwar von der Vergangenheit ausgelöst werden, sollte aber dennoch in der Gegenwart bleiben. Es geht um das Verhältnis des aktuellen Paares, nicht um die Belange der Expartner.
- ***Keine Schwächen ausnutzen.*** Bei einem Streit bewegen sich die Partner meist nicht auf Augenhöhe. Ein Streit entbrennt

oft dann, wenn einer sich unterlegen fühlt. Entweder weil er die Motive des anderen nicht richtig einschätzen kann. Oder weil er sich der Situation, in der er sich befindet, nicht gewachsen fühlt. Doch in einem Streit unter Liebenden sollte es nicht um Sieg oder Niederlage gehen, sondern um eine Lösung, mit der beide leben können.

- ***Auswege suchen.*** Dazu gehört die Fähigkeit, von seiner Position ein Stückchen abrücken zu können, wenn es nötig ist. Und das ist es zum Beispiel immer dann, wenn Selbstverwirklichung mit den Interessen als Paar kollidiert. Er möchte, dass sie am Wochenende seine Kinder mit betreut, sie hat wenig Lust dazu und würde lieber in die Berge fahren. Bei diesem Konflikt können sich beide nur dann annähern, wenn jeder einen Schritt auf den anderen zu macht. In der Psychologie nennt man das Gewinner-Gewinner-Lösung, weil beide Partner vom Ausgang des Konflikts profitieren. In dieser Situation hat nicht nur einer zurückgesteckt, sondern beide Partner haben sich gemeinsam eine Lösung überlegt, mit der sie glücklich sind. Es erfordert allerdings eine Menge Übung, eine Gewinner-Gewinner-Lösung auszuhandeln. Meistens klappt es nicht, und der Streit eskaliert.
- ***Den Humor nicht verlieren.*** Die beste Möglichkeit, einen Konflikt zu beenden, ist, gemeinsam zu lachen. Lachen setzt bekanntlich Glückshormone frei und ist zudem ein Zeichen persönlicher Souveränität. Mindestens einmal am Tag miteinander zu lachen, löst Stress und befreit von Spannungen des Alltags.

Ein Wort zum Schluss

Eine Frage haben wir bislang noch nicht angesprochen: Wie sehen eigentlich gebrauchte Prinzen ihre Rolle als Partner, als Exmann und als Vater?

Wenn es um Scheidungen und Unterhalt geht, sind sie oft die Prügelknaben, stehen als notorische Seitenspringer da, die ihre Ehe leichtfertig aufs Spiel gesetzt haben und sich nun am liebsten vor den monatlichen Zahlungen für Exfrau und Kinder drücken möchten. Auch die Presse hat oft wenig Verständnis für sie, schildert sie als arme Würstchen, denen wenig Freude am Leben bleibt, weil Exfrauen und Justiz ihnen die Existenzgrundlage rauben. Aber hat eigentlich mal jemand die Männer selbst gefragt?

Erstaunlicherweise gibt es mehr gebrauchte Prinzen als man glaubt, die darum kämpfen, nicht nur seelenloser »Zahlvater« zu sein, sondern aktiv ihre Rolle in der Kinderbetreuung wahrzunehmen. Sie wollen mehr Zeit mit ihren Kindern verbringen, eine bessere Beziehung zu ihnen aufbauen, als es vielen geschiedenen Vätern möglich ist.

Selbsthilfeorganisationen wie »Väteraufbruch für Kinder« haben in allen großen und fast allen mittelgroßen Städten in Deutschland Ansprechpartner vor Ort – und kämpfen für mehr Rechte der Männer beim Sorge- und Besuchsrecht der Kinder. Nun sind nicht alle gebrauchten Prinzen Väter, aber immerhin sind jedes Jahr in Deutschland rund 300 000 Jungen und Mädchen von der Scheidung oder Trennung ihrer Eltern betroffen. Viele dieser Kinder verlieren aus unterschiedlichen Gründen

den Kontakt zu ihren Vätern – dagegen wehren sich diese Männer.

Lassen wir am Ende dieses Buches einen Mann zu Wort kommen, der zwei Kinder aus erster und ein Kind aus zweiter Ehe hat. Den einen Sohn aus erster Ehe sieht er regelmäßig, den anderen gar nicht.

»Ich habe viele Termine vor dem Familiengericht gehabt, aber ich konnte mich nicht durchsetzen. Egal, wie sehr ein Vater für sein Kind kämpft, es bleibt doch in der Regel bei der Mutter. Ich habe es selbst erlebt, dass die Familienrichter gar nicht lange darüber diskutieren, wie das elterliche Sorgerecht aufgeteilt wird. Bei uns war es von Anfang an klar, dass meine Kinder bei der Mutter wohnen werden und sie es ist, die sie erziehen wird.

Ich finde es ungerecht und unfair, dass Männer automatisch in eine bestimmte Rolle gepresst werden. Ich hatte gar keine Chance, meinen Beitrag zur Erziehung zu leisten, obwohl ich es gewollt hätte. Meine Exfrau hat mich damals verlassen und die Kinder mitgenommen. Vor Gericht war klar, dass die beiden Jungen bei ihr bleiben und ich es bin, der zahlen muss. Ich wäre gern in Teilzeit gegangen und hätte mich mehr um meine Kinder gekümmert. Das wurde mir nicht gestattet. Meine zweite Frau musste von Anfang an mitarbeiten, denn die Mutter meiner Söhne ist nicht berufstätig, und das wird wohl auch so bleiben. Ich verstehe nicht, warum man geschiedenen Vätern gar nicht erst die Möglichkeit gibt, ihre Aufgaben als Vater ernst zu nehmen. Hier neue Wege zu gehen, ist meiner Meinung nach eine wichtige Aufgabe für die Zukunft.«

Dem ist nichts hinzuzufügen außer der Hoffnung, dass möglichst viele gebrauchte Prinzen sich kritisch mit ihrer Rolle auseinandersetzen – und sich nicht nur auf die neue Liebe verlassen. Sie selbst sind der Dreh- und Angelpunkt, wie sie ihr Leben mit der ehemaligen und einer möglichen neuen Familie verbringen. Nur demjenigen, der die Kraft und die Größe hat, Trauer zu leben und zu überwinden und nicht einfach nur von sich wegzuschieben, wird es gelingen, so wie Joringel im Märchen, mit Jorinde das Zauberschloss zu verlassen. Und wenn sie nicht gestorben sind? Tja, dann leben sie noch immer zusammen.

Holger Schlageter & Patrick Hinz

Love Academy

In 10 Schritten zu einer glücklichen Beziehung

Leider fällt die große Liebe nicht vom Himmel. Im Gegenteil. Der Weg zum Glück ist oft steinig, unwegsam und voller Fallen. Doch das muss nicht sein. Denn: Beziehung kann man lernen! Schreiben Sie sich schnell ein an der Love Academy, Deutschlands ungewöhnlichster Universität, und besuchen Sie die außergewöhnlichen Vorlesungen von Holger Schlageter und Patrick Hinz. In zehn spannenden und witzigen Kapiteln zeigen die beiden Beziehungsexperten, wie Ihr unbewusstes Verhaltensmuster bei der Partnerwahl funktioniert, was Ihr ›inneres Drehbuch‹ Ihnen insgeheim vorschreibt und wie Sie schließlich den Partner fürs Leben finden.

»Die perfekte Liebes-Lektüre.«
Freizeit Revue

Knaur Taschenbuch Verlag